よみがえる限界集落

細羽雅之
HOSOBA MASAYUKI

幻冬舎MC

よみがえる 限界集落

DUCK PADDY
FIELD

はじめに

The Great Reset（グレート・リセット）

これは毎年開催されている世界経済フォーラム（ＷＥＦ）の２０２１年のテーマとされた言葉です。シンガポールでその年の8月に予定されていた会議は、残念ながらコロナの収束が見えず中止となりました。しかしこれを機に、これまでに築き上げられてきた経済社会システムをグレート・リセットして、新たな仕組みをつくる必要性が、世界中で論じられています。

２０１９年末に見つかった新型コロナウイルスによって、その後の私たちの世界は一変し、既存の経済社会システムのひずみが浮き彫りになりました。そして今また、２０２２年2月に始まったロシアのウクライナ侵攻によって、この議論はさらに活発化しています。

私は外資系のＩＴ企業に勤めたのち、２０００年に25歳のとき、経営破綻した父の会社を引き継ぎました。50億円という莫大な負債を抱えた企業を再生させていくなかでホテル経営のノウハウを蓄積し、その後のインバウンドブームの追い風に乗り、年商100億円という壮大な目標を掲げて事業を拡大していました。2020年には、インバウンド向けに新たに4軒のホテル開業の準備を進めていたのです。

しかしそう意気込んでいたのも束の間、新型コロナウイルスの大流行によって、経営は大打撃を受けました。

突如起こった未曽有のパンデミックには、経営者がどんなに努力をしたところでかないません。2020年4月の緊急事態宣言の発出に伴い、従業員の安全を考えて同月7日にはすべてのホテルの営業を停止すると、売上はゼロになりました。

これまで空いた時間ができれば、お客さんの声に耳を傾けてサービスを改善しよう、マネジメント体制を変え、業務効率を上げよう……。そんなことばかり考えてきましたが、すべてが水の泡となり、私のなかに根づいていた常識が音を立てて崩れ落ちました。そして、経済成長のみを前提とした経営を続けても会社は存続できるのだろうかという強い疑問が湧いてきました。

新型コロナウイルスが猛威を振るう直前、私は経営の再建を請け負った四万十川源流の景勝地、愛媛県の滑床渓谷《なめとこけいこく》にあるホテルに泊まり込み、リニューアルオープンの準備を進めていました。以前から経営が逼迫しており、2018年の豪雨災害がとどめをさしたこのホテルは、美しい景観に囲まれた国立公園のなかにありました。

緊急事態宣言が発出されたあとも、営業停止したホテル業をいつ再開すべきか見通しも立たないまま、私は都市から離れたこのホテルで過ごそうと考えました。ホテルがあるのは、人口わずか270人の目黒集落です。高齢化率は64%、空き家、耕作放棄地があちこちで見られる「超限界集落」であり、このまま放っておくと遅かれ早かれ消滅することが目に見えているような場所でした。営業停止中はなにもやることがありません。そこで近くの田んぼや畑を手伝ったり、地元のじいちゃんばあちゃんに話を聞いたりしていました。

するとなにもないと思っていた限界集落での生活は、私にむしろ新たな価値観や生き方のヒントを与えてくれました。

なんでも数値化してコントロールしようとするビジネスの考え方ではなく、そこにいる人たちのありがたみや幸福感など、目に見えないものを価値とする世界があったのです。例えばご近所同士の農作物の物々交換や農作業を互いに手伝うといった信頼に基づいた価値の交換がありました。金銭のやりとりが発生しないその関係性に、私は新たな希望を見出したのです。

この価値観や考え方をほかの人たちにも伝えたい。今まで忘れてしまっていた大切な価値を改めて社会に広めていきたい。そう考えたのが今回の執筆の理由です。

本書では、私がホテル経営者として歩んできた過程で変化してきた考え方や価値観をまとめていきます。それらはグレート・リセットしたあとの世界で、生きるヒントになるのではないかと考えています。自然とともに生きる暮らしや限界集落をよみがえらせる取り組みが、経済成長至上主義に縛られないオルタナティブな生き方を広めるきっかけになれば幸いです。

目次

第2章

限界集落のホテル再生プロジェクトで人口270人の町に移り住む
大自然と暮らすことで教わった人間が生きる意味

第3章

大自然でクリエイティブな生き方を見つける

限界集落だからこそできる「自分らしい生き方」とは

第4章

資本主義から「森の人間主義」へ——
「森の国リパブリック構想」で地方創生を目指す

プロローグ

2020年４月７日――

生き方を見つめなおす転機となったコロナ禍

愛媛県北宇和郡松野町は、高知県との県境に位置する四国の山奥にあり、高齢化と過疎化が著しく進んだいわゆる限界集落です。

2018年7月、西日本を中心に広い範囲で発生した集中豪雨（通称、西日本豪雨）は、松野町にも大きな被害をもたらしました。

豪雨が引き起こした土砂崩れと道路崩落により、一部の地域で車が通行できなくなったことを機に、町の第三セクターが運営する「森の国ホテル」は休業を余儀なくされました。それが青息吐息で存続していたホテルの経営を圧迫し、松野町の町長は民間に譲渡して経営再建を図るという決断を下しました。

ホテルは国立公園の中にあり、多くの観光客が訪れる景勝地にあります。四万十川の上流、滑床渓谷に位置し、目黒川のほとりにあるそのロケーションはすばらしく、建物をリノベーションすれば再生は十分に可能だと思われました。

私は当時、広島県と愛媛県でホテル事業を営んでいましたが、このホテルの引き受け手に決まってからは、まずは「森の国ホテル」の別館のリノベーションを進めていきました。

水際のロッジをイメージしながら1年近くかけて準備を進め、あとはリニューアルオープンを待つばかりとなったのが、2020年3月20日のことです。

再生させたホテルの名称を森の国『水際のロッジ』と改め、開業に先駆けてインターネットで予約を始めると反響は上々でした。私もスタッフも、期待に胸を膨らませていました。

しかし、そんな思いを打ち砕いたのが、新型コロナウイルス感染症の拡大防止を目的として発出された4月7日の緊急事態宣言です。この事態を受け、私は1年近くも掛けて準備してきた水際のロッジだけではなく、私の会社が運営するすべてのホテルの営業を停止することに決めました。

もちろん、ホテルの営業を停止すれば売上はゼロになり、経営は危機的状況に陥ります。すべての地域が宣言の対象だったわけではありませんが、経営者として最優先すべきは従業員の安全であると考えたのです。

＊

政府による緊急事態宣言下で、突然なにもすることがなくなった私は、YouTubeや海外のニュースメディア、SNSなどで世界中のコロナ関連情報を手当たり次第に漁る日々を過ごしました。夜は不安のためになかなか寝付けず、インターネットからさまざまなニュースをむさぼり続けていたのです。

世界ではさらにひどい状況が進んでおり、いずれ日本も今よりもっと悪くなるという話ばかりでした。もはやニュースばかり見ていてもほとんどなんの意味もなかったのですが、私は極度の不安に襲われていました。

水際のロッジリニューアルオープンの3カ月前から、私自身は松野町のホテルに泊まり込みで準備を進めていました。そのため、緊急事態宣言が発出された4月7日の時点では、広島県福山市に暮らす妻や娘たちとは離れ離れで過ごしていました。

私は、妻に対して絶対に病院へ行かないようにうるさく言っていました。松野町でも家族のいる福山市でも感染が拡大している状況ではなかったのですが、暗いニュースばかり見て気持ちが沈み、悪夢に取り憑かれたようになっていました。

病院はコロナウイルスの巣窟と化し、近づけば感染すると信じ込んでいたのです。

5月半ばにもなると国内の感染状況は落ち着きを見せ始めましたが、私の不安や恐怖はやわらぐことなく、相変わらず目の色を変えてコロナにまつわる情報を収集する日々が続いていました。

子どもたちの学校が休校になったのを機に、私は松野町に家族を呼び寄せました。この頃にはあまりに思い詰めていたせいか、原因不明の背中の痛みに悩まされるようになり、妻に病院に連れて行ってもらおうとしたこともあります。

妻がアロマオイルや精油でマッサージをしてくれたおかげでリラックスできたためか、痛みはすぐに治まりました。

今では笑い話となっていますが、当時は本当に精神的に追い詰められていました。未知の病気に対する恐怖と先の見えない不安、そして、自分が背負っている責任に押しつぶされそうになっていたのです。

松野町の自然豊かな環境に身を置いていたのはせめてもの救いでした。もしあのとき、福山市の狭いマンションに閉じ込められていたら、部屋から飛び降りていたかもしれないと思うこともあります。

幸いなことに、日本では海外ほど感染者数も死者数も増えず、私が思い描いていた悪夢は現実になりませんでした。コロナウイルスの実態が少しずつ明らかになっていくなか、私は安堵とともに拍子抜けするような感覚を抱きながら落ち着きを取り戻していきました。そこでようやく経営者としての自分に戻ることができたのです。

しかし4月7日にホテルを全館休業にして以来、売上は1円もありませんでした。それでも施設の維持費やスタッフの人件費、銀行からの借金を払い続けなければならないので、毎月4000～5000万円の現金が減っていく状態です。

当時、現預金は1億円ほどしかなかったので、単純計算しても2カ月程度で底を突いてしまいます。政府の持続化給付金などにも助けられながら、なんとかその状況を乗り切りました。

コロナ前まで、観光業界は空前のインバウンドブームに沸いていました。私たちの事業も成長軌道に乗っている時期でしたから、その落差は信じ難いものでした。

20年間ホテル業に携わってきたなかで、閑散期だとしても売上がゼロになることなど考えられません。

コロナ前まではしょっちゅうスマホを開いては、売上や客室稼働率などをチェックするのが習慣になっていましたが、もはやそんなことにはなんの意味もありません。本当になにもかもが変わってしまったという感覚でした。

これまで、売上を伸ばすべく宿泊客の声に耳を傾けてサービスを改善したり、マネジメント体制を改善して業績アップにつなげたりと、ある意味で息をするように繰り返してきた習慣が突然失われてしまい、私はなにをすればいいか分からなくなってしまったのです。

虚無感を抱えた私の意識は、自然と自分の内側に向いていきました。——そもそもなんのために宿泊業をやっているのか。人はなんのために旅をするのか。コロナの流行が収まったあと人間の幸福観はどのようなものになるのか……。私は自然に囲まれた松野町に暮らしながら、図らずも根源的な問いに向き合う時間を得たのです。

「水際のロッジ」は、日本最後の清流と呼ばれる四万十川の源流・目黒川のほとり、手つかずの森に囲まれているホテルです。室内にいても1日中聞こえる川のせせらぎ、早朝の森に響く鹿の鳴き声、雨上がりに樹々が放つさわやかな香り、夜は頭上に広がる満天の星……。そういった環境に囲まれて過ごすことができます。

いつしか私は、ゆったりと時間が流れる森での暮らしが五感を活性化させていくことに、満ち足りた感覚を味わうようになっていました。都市部でせわしない日々を送ることで感じていた充足感とはまったく正反対の感覚でした。

やがて私の朝は、いわゆる「丁寧な暮らし」のお手本となるような時間に変わりました。コーヒーを淹れるにも、生豆を直火で焙煎するところから小一時間かけてゆっくり過程を楽しみます。森の空気と川のせせらぎに囲まれて最高の一杯を味わい、穏やかな幸せを感じて、人間らしい生き方というのはこういうものだと思うようになりました。

*

2021年にスイスで開催予定だったダボス会議（世界経済フォーラム（WEF）主催）のテーマは、「The Great Reset　—グレート・リセット—」でした（コロナの収束が見えずに中止）。

新型コロナウイルスの世界的な流行により未曽有の危機が到来した今、ウィズコロナの時代、アフターコロナの時代を生き抜くために、多くの歪みを生んできた既存のシステムを打ち壊し、新しいシステムを構築しなければならないという共通認識がもたれたのです。

際限なく経済発展を追い求めた結果、富める者と貧しき者の間に埋めようのない格差をつくり出した資本主義体制から、持続可能性（sustainability）、包摂性（inclusivity）、回復力（resilience）を中心に据えた新たな経済システムに移行することで、経済発展がすべての人々に公平に行き渡る社会に変えていくべきだと語られたのです。

GDPや経済成長率、生産性に効率性といった、豊かさを経済の視点のみで測ろうとするものさし自体を、持続可能性（Sustainability）、サーキュラー・エコノミー（Circular Economy）、人間性（Talentism）といった新しい指標に切り替えていくという理念は受け入れやすいものでした。

森で穏やかな朝を過ごしていると、そういったパラダイム・シフトの波や新しい文明の胎動を肌感覚として感じられる気がしたのです。

とはいえ、私の目の前には厳しい現実が横たわっていました。ホテル「水際のロッジ」がある目黒集落は人口約２７０人、高齢化率64％です。人口の大半が、70代以上の高齢者です。２０１８年に集落内にあった小学校は廃校になり盆踊りや秋祭りなどの地域行事が極端に減ってからは、一挙にコミュニティが廃れてしまったと聞きました。

そこで起こったコロナ禍により、高齢者たちは自宅にこもりきりになり、人影も見えない集落はまるでゴーストビレッジのようになっていたのです。あと10年もすると、空き家だらけの消滅集落になりかねないことは容易に想像がつきました。

今のうちに手を打たなければ間に合わない、という危機感が私を突き動かしました。ここで自然を活かして自然と共存しよう。時間や仕事に散々追われたあげく、生きる意味を見失ってしまうことなく、日々の営みのなかに幸せを感じられる、人間らしい生き方をこの場所なら実践できる――そんな確信に近い直感がありました。

*

政府による緊急事態宣言発出から1年後の2021年4月に、妻と2人の娘も松野町に移り住むと、9歳の三女は、英語漬けの私立小学校から全校生徒25人の地元小学校に転校しました。住まいはもともと鮮魚販売店だった一戸建てを借り、フルリノベーションです。都市部での暮らしを捨てることにためらいはありませんでした。

まずは自分たちがロールモデルになって、Withコロナ時代の生き方をつくり出したいと考えたのです。

それから1年半、目黒集落に移住し古民家で暮らす「水際のロッジ」のスタッフや、インターンシップで数週間～数カ月間生活する大学生といった若い人たちの姿をよく見かけるようになり、集落は徐々に活気づいてきています。

それ以外にもコロナ禍になってからの2年間で、私たちも含めた4組の家族と5人の若者が自然に近い暮らしを求めてこの集落に移住してきました。

私自身のライフスタイルも大きく変わりました。今では、ネット通販で買い物をするときくらいしかパソコンを開きません。丸一日、開かない日すらあります。1日の大半はデジタル機器の画面と向かい合っていたコロナ前を思うと大きな違いです。

今の私からすれば、当時の私はデジタルの世界に入り浸る異常な暮らしをしていたと感じます。しかし一方で、インターネットという情報網やネット通販による物流網が発達した現代は、過疎地域の地理的な不利をも補うことができる時代にもなっています。

限界集落で暮らし、自然のすばらしさに圧倒されてきた今、自然のそばで人間らしく生きることが大切だという私の確信は深まる一方です。

いつしか生命の循環とともにある、持続的で健康的な暮らしを実践できる地域をつくることが私のミッションになりました。

私のなかで価値観の大転換が起こった直接的なきっかけは、紛れもなくコロナ禍です。

しかし、人間らしい生き方をしたい願望の種は、ずっと私のなかに眠っていたのだと思います。これまで自身が置かれてきた環境が、その種が芽吹く機会を与えなかったのかもしれません。少なくとも、まったく新しい私が生まれてきたわけではないことは確かだと感じています。

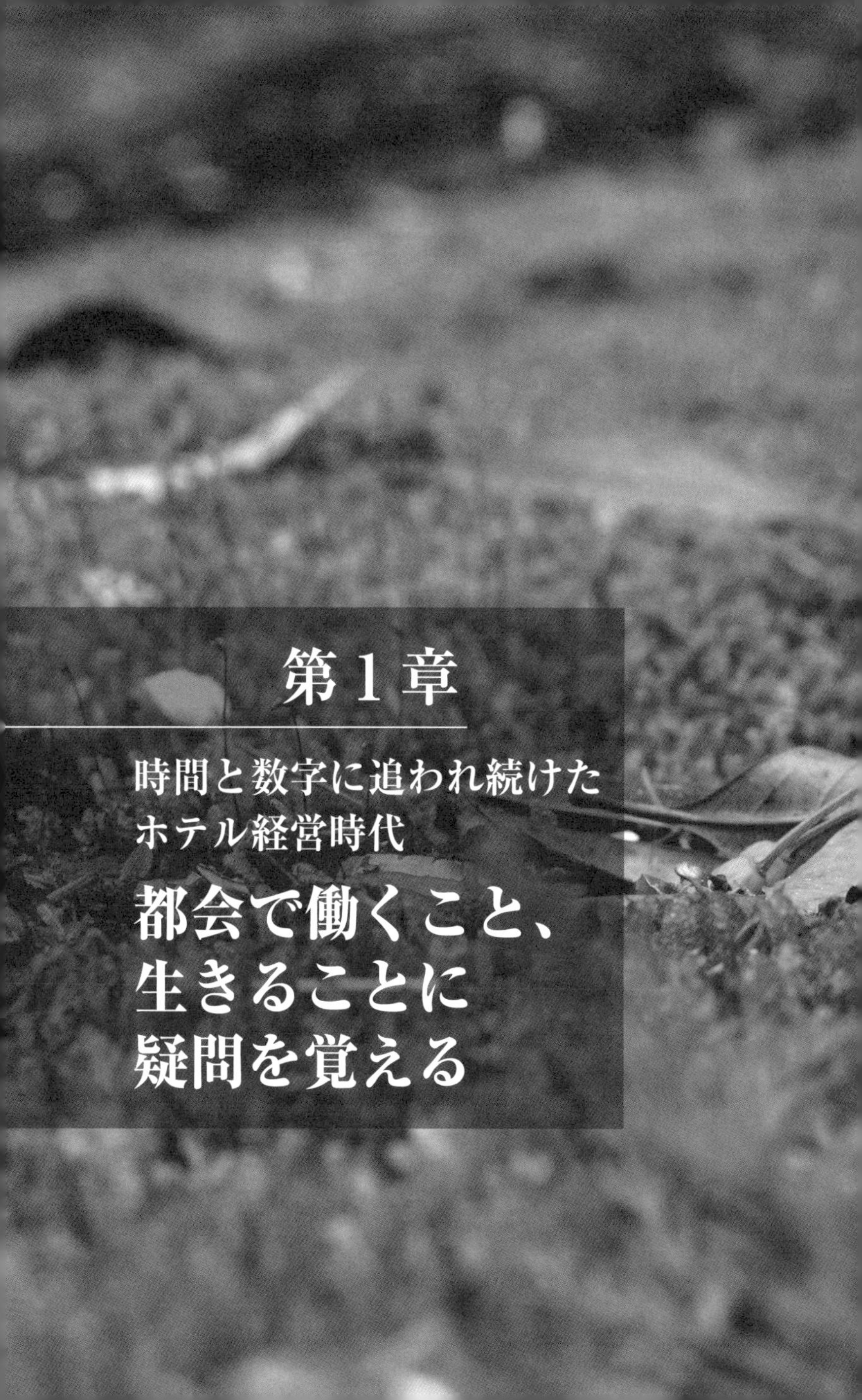

第1章

時間と数字に追われ続けたホテル経営時代

都会で働くこと、生きることに疑問を覚える

自由な環境で生まれ育つ

私は岡山県でデニム製造業を営む父と専業主婦の母のもとで生まれ育ちました。私は4人姉弟の末っ子で、3人の姉がいます。1番目の姉とは11歳、3番目の姉でさえ6歳離れているのでけんかなどした覚えもありません。姉たちはもはや親戚のおばちゃんくらいの感覚です。幼い頃、姉たちからよく女装をさせられていたのですが、かわいがられていたというか、服を着せ替えて楽しむリカちゃん人形のように扱われていました。

当時41歳だった父にとっては、初めての男の子である私は会社のあとを継ぐ待望の長男だったはずです。私が生まれた1974年はちょうど会社の拡大期でしたから、その期待感は相当なものがあったと思います。しかし、両親を含めた家族から、後継ぎとして頼んだ、などという言葉を掛けられたこともなく、無言の圧力を感じたこともありません。学校の先生から「将来は社長だね」と言われた程度で、それほど強く意識することはなかったのです。

両親は放任主義で、私がやることを禁じたり干渉したりされた覚えはありません。「塾に行きなさい」「勉強しなさい」などと言われたこともありません。

中学生の頃、まわりの友達が行っているからという理由で塾に行かせてもらったことがありますが、面白みを感じられなかった私は、3日ほど通って「辞めたい」と告げました。母は半ば呆れながらも私の意向を受け入れ、後日、私が自分に合いそうな別の塾を見つけて「ここに行きたい」と言ったときも、黙って申し込んでくれました。

習い事もすぐに辞めたり、部活動も転々としたりと、自分に合わない環境はすぐに飛び出しましたが、「続けてみなさい」「我慢しなさい」などと言われるようなこともなかったのです。

石の上にも三年、まずは3年働けといった価値観が浸透している日本には、辛抱が美徳とされる文化があります。特に私が子どもの頃（1980年代）はまだその価値観は色濃く残っていました。甘やかされていると見る向きもあったと思いますが、私の両親はそういう世間一般の価値観とは無縁でした。

深読みすれば、自分の意思で物事を決められる人間でなければ将来、経営者としてやっていけないという思いが両親にあったのではないかと思います。

家族に対しては厳しく接することのない父でしたが、従業員に対しては経営者の顔を見せていたようです。私はそうした姿をほとんど見たことがないので定かではありませんが、日曜日の朝などに、家の電話で従業員に対して怒鳴り散らしていた記憶もあるので、恐らく家では見せない経営者としての顔もあったのだと思います。

父をフォローするためか、私が戸惑わないように配慮したのか、母は、経営者は大変なのよとよく言っていました。父は気の短い、ちゃぶ台をひっくり返すような人でもなかったので、家庭と仕事の顔を分けていたのだと思います。

バブルの熱に浮かされて

私が子どもだった1970~80年は、父の会社が最も順調だった時代です。特に1970年代には、繊維商社と紡績会社との共同開発で、元祖・ストレッチデニムといえる自社製品「のびのびジーンズ」を発売しました。デニムはしゃがめないくらいゴワゴワして硬いのが当たり前だった当時、伸びる糸を縫い込んで履きやすさを実現した画期的な商品で空前の大ヒットを飛ばしました。やがて父の会社は東京をはじめ、北海道から沖縄まで全国各地に支店や直営店舗を構えるまでに急成長を遂げたのです。

まだ日本にデニム文化が育っていない頃、父の会社はある意味、流行を生み出したようなところもあり、爆発的に売上が増加しました。ピーク時は年商100億円、従業員は800人を超えていたそうです。

しかし、勢いは長くは続きませんでした。のびのびジーンズが大ヒットしたあと、いくつかのブランドをつくりましたが、どれも鳴かず飛ばずに終わり、会社の未来には次第に暗雲が漂うようになりました。基本的には色やデザインを変えるくらいしかアレンジの余地がないデニムで大ヒットを飛ばしたこと自体が奇跡的だったのです。

とはいえ「ジャパン・アズ・ナンバーワン」とまでいわれていた1980年代は、希望に満ちた未来を誰も疑わなかった時代です。いつかは必ず盛り返せると父は信じていたのだと思います。新たな収益源としてホテル事業に乗り出すべく、土地も建物も自己資本なしのフルローンで取得しました。まさにバブルのまっただ中にいた1989年、不動産投資のような感覚でホテル事業を始めたのです。私が中学生の頃、家族会議でホテルの名前を決めたことを覚えています。

結果的にはそれが転落の始まりとなったわけですが、当時の私にも（おそらく家族にも）そんな未来が訪れることは知る由もなかったのです。

新しい時代を創るＩＴに着目

慶應義塾大学理工学部に入学した私は、1993年春、キャンパスのある横浜市でひとり暮らしを始めました。ゆくゆくは家業を継ぐために、卒業後は父の会社に入るつもりでした。

しかし、バブル崩壊が会社の経営を直撃しました。在学中のある日、父から突然電話が掛かってきて、「もうおまえの戻ってくるところはないから自分で就職先を探せ」と告げられたのです。1996年の冬には2度目の不渡りを出し、父の会社は事実上の倒産状態に陥りました。

父は元来無口なタイプで、家族や私の前で自慢話をすることもなければ、弱音を吐くこともありませんでした。ただ、私が中高生の頃、時々、「おまえの将来はやっぱり安定した公務員がええぞ」「やっぱり安定した医者や弁護士がええ」などと漏らしていたことを思えば、その頃から経営者という仕事の厳しさを痛感していたのかと思います。

父から電話が掛かってきたとき、私は大学3年生で、それまでまったく就職活動をしていなかったので慌てふためきました。

世の中に出回り始めていたパソコンが好きだった私は、ＩＴ系の仕事に興味をもちました。インターネットやWindows95が誕生して間もない時期で、ＩＴはこれからの時代を創っていく分野だという直感があったからです。私はいくつか会社を受けました。

その一社が内定をもらったソフトバンクです。Yahoo! JAPAN事業を始めたばかりの孫正義社長の勢いには強く惹かれるものがあったのですが、最終的に私はもう一社の内定先であるＩＢＭ日本法人を選びました。いつかは海外で働いてみたいと思っていた私にとって、グローバルに事業を展開するＩＢＭのほうが魅力的に映ったのです。

実をいうと私は大学在学中にショッピングサイトを開設し、リメイクしたデニムを販売していた時期があります。Googleサーチエンジンも楽天市場（１９９7年5月に開設）もまだ世の中になく、「ジーンズ」と検索しても10件くらいしかヒットしなかった当時、先行者メリットを活かしたビジネスは当たりました。

ただし、サイトの開設といってもあくまでも趣味の延長線上に過ぎず、商売にしたい、ビジネスとして育てたいという気持ちはまったくありませんでした。まだ誰も知らないものにいち早く目をつけていることで私は十分満足していたのです。もし楽天の三木谷浩史会長のように、アメリカでインターネットがダイナミックに世の中を変えていくムーブメントを体感していたら、もっとのめり込んでいたかと思います。

その後、インターネットショッピングが一大マーケットに育っていったことを考えれば、当時もっと真面目にそのまま続けていれば、ZOZOTOWNみたいなショッピングモールはつくれたかな、という一抹の後悔がふと脳裏をよぎることがあります。

大手IT企業で勤務

私が入社したIBMは当時、日本法人だけでも2~3万人の社員を抱える大企業でした。入社後、確立されたカリキュラムに則った研修を半年間みっちり受けたあとは、長野オリンピック（1998年開催）を担当するシステムエンジニアになりました。

長野オリンピックプロジェクトでは、決まりきったルーチンワークがなく自由で楽しかったのですが、それが終わり、大手生命保険会社の担当になってからは息苦しくて仕方がありませんでした。客先常駐の形で毎日保険会社に出勤していたので、日本のおカタイ大企業の文化を身にしみて感じたのです。多くの人にとってはそれが普通なのかもしれません。しかし、伸び伸びと育った私には見えない檻に閉じ込められている感覚が絶えず付きまとっていました。自分はサラリーマンに向いていないことを早々に悟っていたのです。

当時直面したのがコンピュータの2000年問題です。西暦2000年になるとコンピュータが誤作動する可能性があるということで、IT業界にとっては一大事でした。私の担当したクライアントは金融関係の会社で、大混乱が起きるリスクを避けるために、社内には常にピリついた空気が漂っていました。

1998年8月頃からは、千葉県のテストセンターに連日通って24時間体制でテストを繰り返す日々でした。私は夜勤部隊の一人として夕方4時~朝11時まで働いていましたが、宿泊していたホテルはもはや寝るためだけの場所でしかなく、激務で体重がみるみる落ちていきました。先輩が過労で倒れて救急車でＩＣＵ（集中治療室）に運ばれた体験を武勇伝のように語る様子を見て、私はどんどんしらけていきました。１９９０年代、「24時間働けますか？」という栄養ドリンクのＣＭが一世を風靡しましたが、まだまだその名残りのある時代でした。

実家から「父が倒れた」との連絡が入ったのは、この会社では長く働き続けられないだろう、と考え始めていた矢先のことです。父は民事再生や破産といった法的整理ではなく、裁判所を通さず債権者と直接交渉する任意整理の道を選んでいました。任意整理では、債務者本人が債権者と直接交渉しなければなりません。父は、借入返済の猶予や示談を交渉するなかで、心労が積み重なっていたのだと思います。

父が倒れたのであれば、後継者として長男である自分に白羽の矢が立つ気はしていました。親族からも「もうおまえしかいないから」と言われましたし、キャリアチェンジ（ことの重大さに気づいていない25歳の私にとっては、）のタイミングとしても悪くないと思いました。私はそれほど葛藤することなく、2年半勤めたＩＢＭを退職して実家に戻ると決めたのです。

25歳で約50億円の借金を背負う

父の会社が総額約50億円の負債を抱え、返済の目処が立っていない事実が判明したのは実家に戻ってからのことです。

当時私は25歳、まだまだ世間を知らない年頃です。商慣習に「手形」というものがあります。3カ月後に現金として支払う小切手のようなものです。私は、「手形」の意味も分からず、半紙に墨で手型を押すものだと思っていました。それほど、ビジネスのど素人だったのです。倒産によってなにが起きるかも、自分がどう対処しなければいけないかも分かっていませんでした。

ひっきりなしに借金返済の督促状が送られてきて、来る日も来る日も債務の取り立てが続きました。わずかに黒字を出しているのはユニクロの下請けをしている零細のデニム生地の加工部門だけ、あとは赤字のビジネスホテル2軒がかろうじて営業していましたが、借入の利息すら払えないほど赤字が膨らんでいます。父の会社が直面している現実の輪郭が浮き彫りになっていくにつれ、私はとんでもないものを背負ってしまったことを自覚していきました。

なんとか希望を見出すべく、弁護士や事業再生コンサルタントが書いた、企業再生マニュアルといった類の本を片っ端から読みあさりました。しかし、いくら自分の現状と照らし合わせてみても会社の再生は無理だという答えにしか結びつきません。

八方塞がりの状況に絶望しそうになりながらも、先輩経営者である父は頼れませんでした。当時、65歳の父は経営者としての自信を失っていたので、アドバイスのようなことは私に言えなかったと思います。

父とのやりとりで印象深く残っているのは、私が会社を引き継ぐ際に実印を渡されたときのことです。

なぜ実印には黒いポッチがついていると思うか。その理由を父が問うてきたので、私は「どちらが上か下かを見分けるためじゃないのか」と答えました。すると父は「もっと意味がある。判を押す前にじっと見て、押すべきかどうかよく考えるためにあるのだ」と言ったのです。

父はバブル景気に飲み込まれホテル経営など多角経営に色気を出したことを悔やんでいたのだと思います。もしかしたら、「のびのびジーンズ」をヒットさせた成功体験が忘れられず拝金主義のどつぼにはまっていったのかもしれません。

バブル期は銀行が気前よくお金を貸してくれるため、父は半導体やパチンコ屋など、いろんな事業に手を出してはことごとく失敗に終わっていました。

事業を営む目的が金儲けのためだったのでうまくいくはずはないのですが、そういう例は日本中で枚挙にいとまがなかったことを思えば、時代の空気がそうさせたのだとも考えられます。

父は自分に言い聞かせるように、実印のポッチの意味を私に語っていました。もし熟考して真面目に本業を貫いていればこんなことにならなかったのに、という思いが駆け巡っていたのではないかと思います。

経営者の使命を肝に銘じて

50億円という借金はあったものの、本業のデニム事業ではジーンズを作るための工場やノウハウ、数十人の従業員が残っていることが私たちにとってかすかな希望でした。少しでも借金返済につなげるため、私はファッションの聖地の東京の渋谷109にテナントを構える各ブランドに営業に出向きました。

ファッション性の高いリメークジーンズなどをできる限りスーツケースに詰め込み、当時ファッション業界を席巻していたEGOIST等、最先端ブランドに売り込むなど、販売努力を重ねたにもかかわらず報われることはありませんでした。

当時は2000年代前半でアパレル業界各社がコスト競争力を高めるためにこぞって製造拠点を海外に移していた時代です。店頭販売価格は、中国製が1980円なのに対して、こちらはどんなに頑張っても2980円です。ファストファッションが台頭しつつあった潮流もあり、国産などは値段が高過ぎると、まったく相手にされなかったのです。

やがて私はジーンズ事業に見切りをつけ、ホテル業一本に絞ることにしました。すでにホテルは銀行の抵当権がついて差し押さえ同然の状態でしたが、ホテルまで取られたらなにもなくなってしまいます。会社を辞めてまで地元に帰ってきた甲斐がありません。「ホテルだけは残してほしい」と銀行に必死で頼み込んだ思いが通じたのか、負債を引き受ける条件で存続させてもらうことができました。

当時、広島県福山市と愛媛県宇和島市のビジネスホテル2軒で年間3億円の売上を出していました。稼働率は低く、経営状態としては赤字でしたが、宿泊客が来て日銭が入ってくる事実に勝るものはありませんでした。毎日、ホテルの売上記録を見て、明日生き延びるための食糧をなんとか手に入れたような喜びと安堵を覚えながら、私は商売のなんたるかを体感していました。直接宿泊客とも触れ合うこともしながら、売上の数字のリアルな手応えがホテル業を選ぶ決め手になったと思います。

さらに追い風となったのがインターネットです。昔とった杵柄でホテルのホームページをつくり、ネットで予約を取れるように設計したところ、開設後1カ月目は3件、2カ月目は10件、3カ月目は30件、4カ月目は100件……とうなぎのぼりに予約客が増えていったのです。

初期段階で商品やサービスを使い、ほかの人々に評価を広めてくれる、いわゆるアーリーアダプター層にリーチできた結果だと思います。全体の客数から見ればわずかではありますが、自力でつかみ取った売上はかすかな希望になったのです。

一方で、土地や工場も含め、本業だったデニム関連の事業をすべて手放すと決断してから約3カ月後、幸いにも従業員の雇用も維持しながら事業を引き継いでくれる会社が見つかりました。しかし、そんな重大なことを20代後半の若造である私が40～60代の従業員約30人の前で報告しなければなりませんでした。

朝礼で全従業員に話すと決まっていた日は、朝からまったく気が進みませんでした。なぜ自分がこの役回りを引き受けなければならないのだ、と恨みがましい気持ちも湧いていました。

とはいえ、そこは筋を通さなければならないところです。従業員から叱責され、罵倒されたらどうしようと不安に襲われながらも、土下座をして詫びることも辞さない覚悟で、私は従業員の前に立ちました。

「今日限りでこの会社を閉めます。事業を引き継いでくれる会社があるので、そちらで皆を雇用してもらえるようにお願いしました。すぐに皆さんの仕事がなくなることはありませんが、デニムの事業を再生できなかったことについてはたいへん申し訳なく思っています」と本心を伝えました。

そう言って頭を下げた私に長く勤めてくれていた事務員の女性から返ってきたのは、「こちらこそお世話になりました。ありがとうございました」という感謝の言葉だったのです。

温かい言葉に張り詰めていた気持ちが一気に緩んだ私は、その場で泣き崩れてしまいました。倒産したとはいえ、私が生まれるはるか昔から50年近く存続してきた会社です。従業員の人たちも愛着をもって働いてくれていたことが伝わってきて、胸が熱くなりました。同時に、立て直せなかった不甲斐ない自分を責める気持ちにさいなまれたのです。

会社は人に支えられている、こんなふうに会社が解散したり倒産したりすることはあってはいけない、会社をいつまでも存続させていくことが経営者としての最大の責任だ、と私は肝に銘じたのです。

〝貧乏くじ〟を引かされた運命を呪う

デニム事業を整理することはできましたが、ホテル事業を立て直すという任務が私を待っています。借金返済のためには、とにかく収益をあげなければいけません。

広島と愛媛の2棟のホテルは会社の資金に余裕がないせいもあり、壁紙は剥がれっぱなし、椅子の座面の布も破れっぱなしだったりと、施設はボロボロでした。稼働率は50%以下、採算ラインを大幅に下回る業績に、私の焦りや苛立ちは募る一方でした。

悩ましい問題の一つが人材難でした。ハローワークで募集しても人が集まらず、人を採用できてもすぐ辞めてしまう、あるいは出社3日目には無断欠勤で来なくなることもよくありました。応募者が面接に来ず、電話もつながらない……。特に私が父のあとを継いだばかりの頃は悲惨で、どうシフトを組めばよいか、頭を悩ませる日々が続きました。

ホテルに残っているほとんどの従業員は生気のない目をしていて、こちらがいくら頑張ろうと奮起を促しても、いっさい響く様子がありません。それどころか、自分たちの給与はちゃんと払ってもらえるのか、という不信感に満ちた眼差しを向けられる始末でした。

従業員はほとんどが年上でしたが、私はなめられてはいけないと思い、強気な態度で接していました。

「なんでできていないんですか？」と彼らにつっかかり、「じゃあ、お前がやれよ」と言われたら、こちらもムキになって「分かったよ、やってやるよ」といった感じで、いつもけんか腰で接していました。今振り返れば、人としての礼節や道義に欠けていたと深く反省しますが、当時は必死だったので、それが最善だと考えていました。

「ふざけんなよ」と叫びたいのは私のほうでした。ホテルの運営なんて選びたくて選んだわけでもありません。なんで親父の尻拭いを自分がしなくちゃいけないのか。高校や大学の同級生はもっと社会人生活をエンジョイしているのに、なんで自分だけこんな目に遭わなければいけないのかと、当時は、暇さえあれば自分の不幸を呪っていました。自分が置かれている状況から逃げ出したくて仕方なかったのです。

だからといって、逃げるにしてもほかに道があるとは思えませんでした。雇用も流動的ではなく、転職もそれほど盛んではなかった時代です。

IBMで2年半という中途半端なキャリアしかない自分を採用してくれそうな会社も見つかりそうにない。ラーメン屋の屋台でもして、細々と暮らしていくか。少なくとも今よりもマシな仕事ならなんだっていい……。多額の借金という重い鎖を背負いながら自暴自棄な気持ちで過ごす日々に、楽しみを見出せるはずもありません。そんな社長の下で働きたいと思う従業員もいなくて当然です。

そんな会社の雰囲気や内情は、宿泊客に対するサービスの質にも反映されます。インターネットで掲載される口コミには厳しい意見や評価が並びました。

どれも気が滅入るような内容でしたが、一つの投稿が私の胸に突き刺さりました。「ホテルに対して〝愛〟が感じられません」と書かれてあったのです。

すべてを見透かしたかのような口コミを読み、私は自分のこれまでの態度や行動、心構えを省みました。このときを境に、私は本腰を入れてホテルを改革することを決断したのです。

書かれた口コミで不評だったところはすべて改善し、良い部分はさらに伸ばしていきました。資金面での余裕はなく、少しでも多くの金額を返済に回したい気持ちは山々でしたが、収益の一部を使って老朽化した設備を少しずつ修繕していったのです。

理想のリーダーシップを探し求めて

経営者として良い会社づくりを目指そうにも、私には身近に手本となる存在がいませんでした。そこで私は先人からヒントを得ようと、日本の名経営者たちの著書を読みあさりました。

松下幸之助、渋沢栄一、小林一三、井深大、盛田昭夫、本田宗一郎、土光敏夫、早川徳次、稲盛和夫、堀場雅夫……。ひととおり彼らの本を読んだとき、私は表現する言葉は違うものの、書いてあることはすべて同じだと気づきました。どの本を開いても志、感謝、努力、利他の精神、思いやり、素直な心が大事だと書いてあったのです。私は、初めて、取り組むべきは社員教育であり人材開発だと感じました。

スタッフのモチベーションを高めるための取り組みの一つが、朝礼の場で昨日のチームメンバーの良かったところを一人一つずつ言うことです。

実際にやってみると、効果はてきめんでした。思ってもみなかったところを褒められたスタッフの顔に笑みが広がり、その場に幸せな空気が漂うのを見て、私も幸せな気持ちになりました。スタッフからも評判がよく、これを続けていけばすばらしい組織がつくれると、希望に満ちていました。

しかし、スタッフも常にほかの誰かの動きを見ているわけではありませんし、他人のいいところを10個も20個も挙げなければならなくなるとネタ切れを起こします。やがて、いいところを見つけなければならない義務感に迫られながら仕事をするようになってしまうのです。一度魂が入らなくなると、もはや続けていく価値はありません。

ほかに、反響が大きかったのが、社員かアルバイト・パートを問わず、スタッフ全員の誕生日にカタログギフトを贈る企画です。初めてやったときは多くのスタッフから「感動しました」などと気持ちをつづったお礼の手紙が届きました。

カタログギフトにしても、効果は永遠ではありません。2、3年続けて恒例行事になると、誰からも手紙は届かなくなります。

定量化できる類のものではありませんが、それが従業員のモチベーションを高め、サービスや売上の向上につながっていた部分はあると思います。しかし、ただ同じことを繰り返していると惰性となり、陳腐化してしまいます。

新鮮な気持ちで取り組んでもらおうと社員自らによる改善活動プログラムを導入し、優秀な改善に対して表彰したときも同じです。

改善活動の1年目の表彰で、「沖縄リッツ・カールトンホテル2泊」ペア旅行券をもらえる年間最優秀賞に選ばれたのは、ベッドメイクを担当する年配の女性でした。彼女は涙を流しながら「この会社に入って良かった」と語り、周りも彼女を祝福しました。しかし、そんな感動の場面ですら、人は慣れていきます。5年くらい続けると当たり前になり、もっとすばらしい商品を用意しなければ喜んでもらえなくなってしまったのです。

私自身が3年ほど通っていた経営セミナーの影響を色濃く受けていた時期もあります。そこで与えられた宿題が、「3カ月間の研修期間中、ありがとうを1日100個書く」というものでした。「妻へ、ご飯を作ってくれてありがとう」「子どもたちへ、元気でいてくれてありがとう」……。

日々を振り返りながら、感謝すべきことを書き並べていっても、後半になると思いつかなくなっていきます。最後には、椅子に対して「ちゃんと座らせてくれてありがとう」と書くしかなくなっていました。

それも最初は自分を見つめ直す意味で効果的なのですが、繰り返していくうちに書くこと自体が目的になり、作業が惰性になっていったのです。

とにかく、スタッフを教育し、強い組織をつくるため、モチベーションを高めるためには、手を変え、品を変え、いろんなことをやりました。アメをあげて動かそうとしていた時期もあれば、ムチで叩いて動かそうとした時期もあります。

会議では、軍隊式を採り入れたこともあります。スタッフが机を挟んで左右両側に並び、私が部屋に入ってくるやいなや皆が立ち上がってお辞儀をし、私が座るまで起立して待っているのです。どこかの国の独裁者のようで、私自身も心地よくなかったのですが、当時入っていた青年会議所（ＪＣ）のやり方を参考にして実践していました。

しかしそれでは自律的な人材が育たないと気づいた私は、戦時中の連合艦隊司令長官、山本五十六の名言を肝に銘じてもらうべく、その言葉を記したメモ帳をマネージャー陣に手渡しました。

「やってみせ、言って聞かせて、させてみせ、ほめてやらねば、人は動かじ。話し合い、耳を傾け、承認し、任せてやらねば、人は育たず。やっている、姿を感謝で見守って、信頼せねば、人は実らず」

要するに、スタッフを信頼して任せることの大切さを説いているわけです。しかし、私がマネージャー陣に山本五十六流のマネジメントを強要している時点で、任せることができていなかったのだと思います。彼らのなかには、自発的にやることを強制されている感覚があったとしても不思議ではありません。一見いいマネジメントのようで、結局は、根本的に相手を支配しようとしているという点では変わっていなかったのです。

痛みを伴わない改革などない

社員の士気を高めようと、ある時期から私は、楽天トラベルのお客様レビューの点数4・5点以上（5点満点）をKPI（重要業績評価指標）に設定しました。ちなみに4・5点は、優秀な実績を収めた宿泊施設として楽天から表彰されるレベルの数字です。

当時の私たちは、日々、目標達成に意識を全集中させていました。お客様評価の点数は1点刻みで1～5点までの5段階評価です。4・5点を超すためには、必然的に5点を獲得することしか許されません。3点がついたときには社内でちょっとした騒ぎになり、2点だとより深刻さは増し、1点がついた日にはもはや非常事態です。早朝であろうと深夜であろうとマネージャーを招集して緊急ミーティングを開催し、彼らに発破をかけました。

私は「この1点がどれだけ致命傷になるのが分かっているのか？」と呼びかけ、「われわれのサービスに対して不満を抱いているのは1点をつけたこの人だけかもしれない。でも、声に出して書いてくれる人は100人に1人くらいだと考えると、これを放っておくとやばいよね。どうするの?」などと畳みかけるように問い詰めていました。

私自身は、1点をつけられた事実に対して皆が平然としていること自体に危機感を抱いていました。そのミーティングはどちらかというと、作戦や対策を練るより、危機感を共有することが目的だったのです。

当時は、旅行のポータルサイトで宿泊客から口コミが書かれたら、24時間以内に私が返信するルールを設けていました。それが大浴場の温度がぬるかったというクレームのような内容であれば、マネージャーに原因の追及と具体的な対策の提示を求めていました。例えば、今後、徹底管理します、などという具体性のない答えを出してきた場合、はねつけていたので、彼らは戦々恐々としていたと思います。

私自身、大げさではなくレビューで1点がつくことは死活問題だととらえていました。今、目に見えている部分ではたいしたことがなくても氷山の一角だとすれば大変なことになります。事が起こってからでは遅いのです。

危機意識を共有できない人間とは一緒にやっていけないとすら考えていました。厳しいやり方で犠牲にすることも多かったのですが、そのくらい緊張感をもって取り組むからこそ4・5点という目標を達成できたのだと思います。

しかしそれは、あくまでも私個人の主観です。長年、私と一緒に働いてきたスタッフの目にはリスクのとらえ方が過敏すぎると映っていたようです。「そこまでやる必要はあるのか？　あまりに厳しくて社員が辞めていってもやるのか？」と私はいさめられたこともあります。それでも私は妥協しませんでした。

実際、強い組織をつくるためなら、思い切った改革を断行して、ハレーションが起きてもかまいませんでした。

冷酷で非情だととらえられてしまうかもしれませんが、決して好きでやっていたわけではありません。

借金を背負っている状態では、収益につながらない人材を雇用し続ける余裕などなかったのです。船が沈没し、乗組員全員を死の危険にさらしてしまう事態を避けるために、戦力にならない乗組員に船から下りてもらうのは舵を握る人間の責任だとも思います。

情に引きずられていたら改革などできません。

当時を思い返すと、強烈なトップダウンを敷く軍隊のような組織でした。借金を抱え、スタッフにやる気がないマイナスな状態から強いチームを作っていくには、個性や主体性を尊重するなどと悠長なことはいっていられませんでした。ある意味、独裁的なボスとして振る舞うしかなかったというのが正直なところです。

つらく厳しい企業努力を重ねた日々があったからこそ、2012年頃、「福山オリエンタルホテルは日本一！」というネットの書き込みを見たときは、身体が震え、涙が出てきました。しかも全国各地のホテルに年間100泊ほど宿泊している人からいわれたことに喜びはいっそうかき立てられました。奇跡だとスタッフ皆で喜びを分かち合ったことは今も忘れません。

借金減免で、ホテルを買い取り

私たちの努力の甲斐あって、業績は徐々に上向いていきましたが、年間売上3億円程度の会社が、数十億円の借金を返していくのは並大抵ではありません。どれほど頑張って利益を出しても、返済に回せるのは利息分だけでいつまで経っても元本を返せない状況が続いていたのです。15年分の返済額を合算すれば、すでに元本を超える金額を銀行に支払っていることが分かりました。

いわば、どれほど地上にはい上がろうとしゃかりきになっても永遠に抜け出せない蟻地獄のようなものです。まるで持続可能ではない状況に半ば絶望し、無力感にさいなまれた末、私は銀行と交渉し、ADRの手法を活用することに決めました。ADRとは裁判所が関与しない私的整理の一つで、第三者機関が選んだ弁護士や公認会計士が企業と債権者間の調整を行います。

当然、銀行も民間企業なので借金を減免することは嫌がります。単純に収益源が減りますし、ひとたび前例を作ってしまうと他企業からも同じような債務減免の要求をされる可能性があるからです。聞いたところでは、頭取も出席する役員会議にあげられ激しい議論が交わされたそうです。

とはいえ私たちも、一歩も引くつもりはありませんでした。担当者や支店長に対しても、強気の姿勢を崩さなかったのです。

「もしADRによる借金の減免をしてもらえないのなら、自分たちはバンザイをするしかない。ホテルは競売にかけてもらうことになりますが、その代わり借金は取り損ねることになりますよ」と伝えました。

ホテル業はハード（建物）の力だけで食べているわけではありません。「うちには建物のパフォーマンスを最大化できる優秀なチームがあります。あなた方が、たとえホテルを売却するとしても、新たなオーナーに対して、誰よりも高収益で運用できると主張して新たに建物の賃貸借交渉を行い、われわれが運営します」と銀行には伝えました。

これは決して交渉を優位に進めるためのハッタリではなく、私が本気で信じていることでした。15年以上、社員教育や人材開発に取り組み、どんな形であれ高いパフォーマンスを発揮できるチームになったという自信があったからです。当時、運営するホテルはどちらも稼働率は90％を超え、さまざまな評価ランキングで1位を獲得していたことが裏付けとなっていました。

一方、銀行は、差し押さえという最終手段を封じ込められたわけですから、慌てたはずです。結果的に私たちの要請は認められただけでなく、私が設立した新会社に新規融資までしてサポート体制を整えてくれたのです。私たちが次のステージへ向かうためにADR

は避けては通れない分水嶺だったと思います。

経営が行き詰まっているホテルや二束三文で売りに出されている不動産を買い取って再生させていくやり方は、この体験を活かしたものです。優秀なメンバーがいれば、わざわざ多額の債務を背負って新しいホテルを建てなくても勝負できるし、事業リスクは小さくて済みます。その発想が、2015年にリブランドした私たちの会社の原点なのです。

MBAは役に立つのか？

2014年、ホテルの運営会社を生まれ変わらせるにあたって、私はMBAを取得するため神戸のビジネススクールに通うことに決めました。

25歳で素養をいっさい身につけぬまま、右も左も分からない状態で経営者になった私は、がむしゃらにやってきた15年間を検証する必要性を感じていました。いわば自動車教習所に行かずに車を運転してきたような状態だったので、体系化されたノウハウとして経営学を学び、経営の真髄に近づきたい思いがあったのです。

当時、解決しなければならない課題はたくさんあったものの、経営がうまくいっていなかったわけではありません。むしろ順調に来ることができていて、その分、慢心してはいけない、自分に足りていないものを埋めたいという意識が働いていたように思います。自分は直感に頼って経営判断をしてきたので、論理という武器も身につけたほうがいいだろうと考えてもいました。

ビジネススクールでは、1年半かけて、経営戦略やヒューマンリソース、企業会計、マーケティング、交渉学などを学びました。

修士論文のテーマに選んだのは、リーダーシップ論です。私自身が、トップダウンやボトムアップなど、さまざまなリーダーシップのあり方を実践し、正解を探し求めていたからです。

リーダーシップには変革型、倫理型、サーバントリーダーシップなど、数百に及ぶ理論が存在します。そのなかに正解が一つしかないということはありません。恩師の金井壽宏先生には、ご著書『リーダーシップの旅』で論じられているとおり、人生をかけて理想のリーダーシップを探し続けることが肝要だと学びました。

しかし、いろいろな理論を学んだ末に受けた最後の講義テーマはなんと「直感経営」

だったのです。

最後は結局、直感かと私は力が抜けそうになりましたが、納得するところはありました。言語化できないあいまいな感覚を頼りに経営判断を下してきた、私自身の経験が間違っていなかったのだとお墨付きを得た気にもなったのです。

MBAで得られた大きな成果の一つは、直感で下した判断を他人に理解してもらいやすくなったことです。社内外に自分のビジョンを説明する際に、論理的思考にひもづけた方が説得力があるからです。

例えば人口270人の限界集落に一家で引っ越す決断をした理由は直感でしかありません。でもそこで真正直に「直感です」「心地良かったからです」などと言ったところで、周りは納得してくれません。マーケットや歴史、時代背景を踏まえながら論理の筋道を立てて意味を説明することも経営者の仕事です。

私自身、今となっては直感か論理か、どちらを主軸に判断しているのかは分かりません。しかし、論理的な説明はどこまでいっても直感の後付けだという順番は崩さないほうがいいと思っています。

よく「経営者にとってMBAは必要か？」という質問を受けます。もちろん、総合的、体系的に経営というものを学問として学べる点では、経営者にとって大きな支えになるとは思います。しかし、その学びもやはり実践を通して初めて昇華されていくものだと思います。当然のことですが、MBAで学んだからといって、その日から立派な経営者になれるわけではないと思います。

ホテルは寝泊まりするだけのハコじゃない

私は2015年から2019年まで、年間100日はホテルで生活していました。国内は最高級ホテルや有名老舗旅館から、ゲストハウス、最新のカプセルホテルまで、海外はニューヨークやロンドン、ロサンゼルスをはじめ、バリ島、キューバ、スリランカ、ひいてはガラパゴス諸島に至るまで、世界35カ国の宿泊施設を体験しました。同業者として、学ぶべきところと反面教師にするところを見つけ、自らのホテルづくりに活かすためです。

それらの旅を通して確信したのは、人との触れ合いが旅の醍醐味だということです。もちろん、思わず見とれてしまうような美しい景色や歴史を感じる荘厳な建物、オシャレな部屋とおいしい料理が旅の目的だ、という人もいると思います。

しかしより深く心に刻まれるのは、私自身、地元の人たちとコミュニケーションを取り、地元特有の文化を感じるプロセスを通して味わうそこにしかない経験です。

そもそも観光の言葉は、中国・儒教の経典『易経』の一節、「国の光を観る」に由来しているといわれています。その地の自然や文化、産物、風俗、政治、暮らしなどの光をよく観ること、それらを外部の人に示すことです。

しかし、日本の画一的なチェーンホテルを見れば、まるっきり逆方向に進んでいる気がします。地元の人と交流し、文化を味わうという土壌がまるで確立されていません（もちろん、宿泊客がそういうサービスを求めていないというのもありますが）。オリジナリティ溢れる海外のホテルに宿泊してから帰国するたび、日本では建物や景観といったハードや見栄えのいい料理といった表面的な価値ばかり重視されているように映り、残念な気持ちになっていました。

私たちもサービス（ソフト面）にオリジナリティを出したい気持ちは山々でしたが、ビジネスホテルのようなハード重視の装置産業は業態転換が簡単ではありません。画一的な客室、フロント、ロビー、レストランといったハードを使って、サービスにオリジナリティを出すのは無理があります。

そこで私が目をつけたのが、広島県福山市の駅前にある築23年のワンルームタイプのマンションです。私たちが運営するホテルに隣接したこのマンションは、当時のオーナーがほとんど管理に力を入れておらず、それこそ「愛」のない建物でした。家賃が破格の安さだったにもかかわらず入居率は低く、マナーの悪い外国人が入居して荒れた状態になっていました。なにもしなくても定期的な収入が転がり込んでくるのだからそれでいいというオーナーの考え方が透けて見えるような気がしたのです。

しかし、愛情を注ぎ込めば、十分に蘇生させられると私たちは確信していました。建物ごと買い取った私たちはリノベーションにより建物の外側から内側まで一新し、2018年、35部屋のホテルとしてリニューアルオープンしました。

福山市には、毎日、数千人以上の出張客、旅行客が地域圏外から訪れ、宿泊するホテルには10時間以上滞在します。せっかくそれだけの人が長時間過ごすのであれば、さまざまな地元のプロダクトやサービスに触れられるチャンスを創ろう、ホテルが人と人をつなぐハブとなり、宿泊者の心をつなぎ止める存在でありたい――そんな思いでつくったホテルのコンセプトは、地域にアンカリングする（碇《いかり》をおろす）ホテルです。ホームページには、「単に寝泊まりするだけのハコをつくる時代は終わりました」というキャッチフレーズを打ち出しました。

ホテルのコンセプトを体現しているのが、1階のバーとコミュニティスペースです。地元の老舗バーのオーナーに声を掛け、宿泊客同士をつなぐコーディネーターや、地元の魅力を紹介するコンシェルジュのような役割を担ってもらうことにしました。

宿泊客にとって、福山で泊まったどこかのホテルではなく、福山のあのホテルとして記憶に残るように、私たちは客室やバーをショールームとして位置づけました。地域の特産であるデニムを使ったファブリック類やハンドメイドの家具を使った部屋、地元の農家がこだわって作った食材を使った料理など、どれも福山と縁のあるものにしたのです。また、大手鉄鋼会社JFEスチールの製鉄所がある福山は鉄の街として知られていることから、漁船の鉄製船具や、頑強な鋼鉄のスツールをアイコンとして使っています。

ある職人さんからは「自分たちは日々技術を磨いて、ものをつくることはできるけれど、一般の人たちにダイレクトに魅力を知ってもらう機会がなかなかない」という声を聞いたことがあります。B to B（企業間取引）の業態でずっと頑張ってきた人たちは、多くの人たちに自分たちの製品や技術をアピールするチャンスを欲していたようです。結果として、地元の生産者や職人さんからは、こういうホテルができたことは本当にうれしいと想像以上の反応が返ってきました。

新しいことを始めると、新しい世界が見えてくるものです。オープンから4年経った今、明らかにホテルの客層は変わりました。駅近で静かに寝ることができたらそれで十分という利便性だけを求める出張族はあまり来なくなった代わりに、旅を楽しみたい、地元の人と触れ合いたい……など、旅に対してプラスαの価値を求める人たちが好んで選び、繰り返し宿泊してくれるようになったのです。私たちが明確に旗を立てたことで、お客さんにとっては選びやすくなったのだと思います。

インバウンド向けのホテルを開業

地域にアンカリングする（碇をおろす）ホテルの開業準備と並行して、私たちは訪日外国人旅行客、インバウンド向けのホテルの開業も見据えていました。

当時1000万人前後で推移していた年間訪日外国人数は2013年頃を境に増加傾向を見せ始め、2017年頃には3000万人に迫り、空前のインバウンドブームと呼ばれるようになりました。勢いはとどまることを知らず、2020年には4000万人を超えそうなペースで増えていたのです。

街のいたるところで外国人観光客が増えたことは、個人的な体感レベルでも明らかでした。原爆ドームや平和記念資料館がある広島は欧米人を中心に外国人で溢れ、新幹線の乗客のうち2／3程度を外国人が占めている印象すらありました。

「日本は近いうちに年間8000～9000万人の外国人観光客数を数える観光大国フランスやスペインに並ぶところまでいくんじゃないか。それどころか1億人の大台にも乗るかもしれない。だったら、自分たちが世界一の観光立国ニッポンの牽引役になろう」――私は経営会議でそんな大きな夢を語り、年商100億円の目標を掲げました。

15年以上の長きに渡り縛られてきた多額の債務の足かせが外れ、ようやく自由を手にしたタイミングだったことも私たちの心に火をつけたと思います。それまで蓄えてきたノウハウやチームの力を存分に発揮できるチャンスが訪れたことに奮い立つような気持ちもありました。当時、私は経営難に陥ったホテル物件の再生依頼を受けて、よく京都や大阪に足を運んでいました。空前のインバウンドブームのなか、街なかで建設中の新しい建物はすべてホテルだったといっても過言ではありませんでした。

しかし、当時の実態は猫も杓子もホテル業に進出といった様相で、ホテルを建てているのはほとんどが投資用不動産デベロッパーか、収益目的の異業種参入でした。儲かりそうという理由だけで参入しようとしているので、事業目的にしっかりとした思想がありません。そのため、オペレーションがずさんで、本来の顧客サービスそのもので勝負していないところを目にすると、先がないだろうと感じていました。

しかも、国際観光都市といわれる京都では20万人の見込み宿泊客に対して30万室をつくっているようなありさまでした。おそらく各ホテルに投資したオーナーはデベロッパーから「インバウンド需要で収益はまだまだ上がります」といった甘い言葉をささやかれ、その気になっていたのだと思います。デベロッパーも営利企業ですから当然といえば当然です。

私自身冷静な視点を保っていられたのは、彼らの姿が自身の過去と重なったからです。

バブルの頃、父が銀行の融資担当による甘いささやきに乗せられてホテル業に進出したことで、痛い目を見た記憶と結びついたのです。

といいつつも、私自身、当時のインバウンドブームにまったく乗せられていなかったと今となっては断言することもできません。ともあれ、そういった安易な新規参入の動向を反面教師にし、ここなら勝負を賭けてもいいと思える物件を探し続けました。

そんななか私たちが、積水ハウスとの共同プロジェクトで２０２０年、広島市と倉敷市にオープンさせたのが１００％インバウンド客向けのホテル「ＮＡＧＩ」と「ＬＡＺＵＲＩ」です。

私の経験上、欧米人はアジア人と比べてより会話好きで社交的、旅慣れていて、地元の人と触れ合いたい気持ちが強い傾向があります。もし日本人のホスピタリティをもって、ホテルスタッフが礼節を保ちつつもフレンドリーに会話を楽しめることができれば、欧米人宿泊客の満足度はさらに高まるはずだ、という確信に近い思いがあったのです。

瀬戸内エリアを訪れる多くの外国人の心を地域にアンカリングする（できるだけ滞留してもらう）ため、私たちはゲストとスタッフがカジュアルに交流できるラウンジスペースを設けることにこだわりました。人とのコミュニケーションを望んでいる外国人（特に欧米人）観光客に地元の文化を深く理解してもらえる環境を創りたかったのです。

もっとも、ハード面を整備するだけでは不十分で、環境に適した人材が必要です。そこで私たちは、ホテルで働いた経験はなくとも、バックパッカーで世界を旅した経験や、ワーキングホリデーなどで海外生活をした経験がある人に照準を合わせて採用活動を展開しました。

外国人観光客だったら外資系ホテルの経験者が適しているのではないかと思われるかもしれませんが、システムが標準化されていて、働き方がマニュアルに則っているという意味では日本のチェーンホテルと本質的に変わりません。私たちはむしろアフロヘアーや金髪・茶髪の人、ピアスをしている人など、外見の型にはまらず、普通のホテルなら履歴書の段階で落とされてしまうような人も採用しました。

こうして2020年には「NAGI 広島」と「LAZULI 広島」を相次いでオープンしました。しかし、こちらもコロナが直撃し、ターゲットとしていた顧客をすべて失ってしまったのです。

2023年現在、両ホテルは復活の兆しを見せ始めたインバウンド動向を見据えて、改めて体勢を整え、多くの外国人を迎え入れる準備をしています。

滑床
NAMETOKO

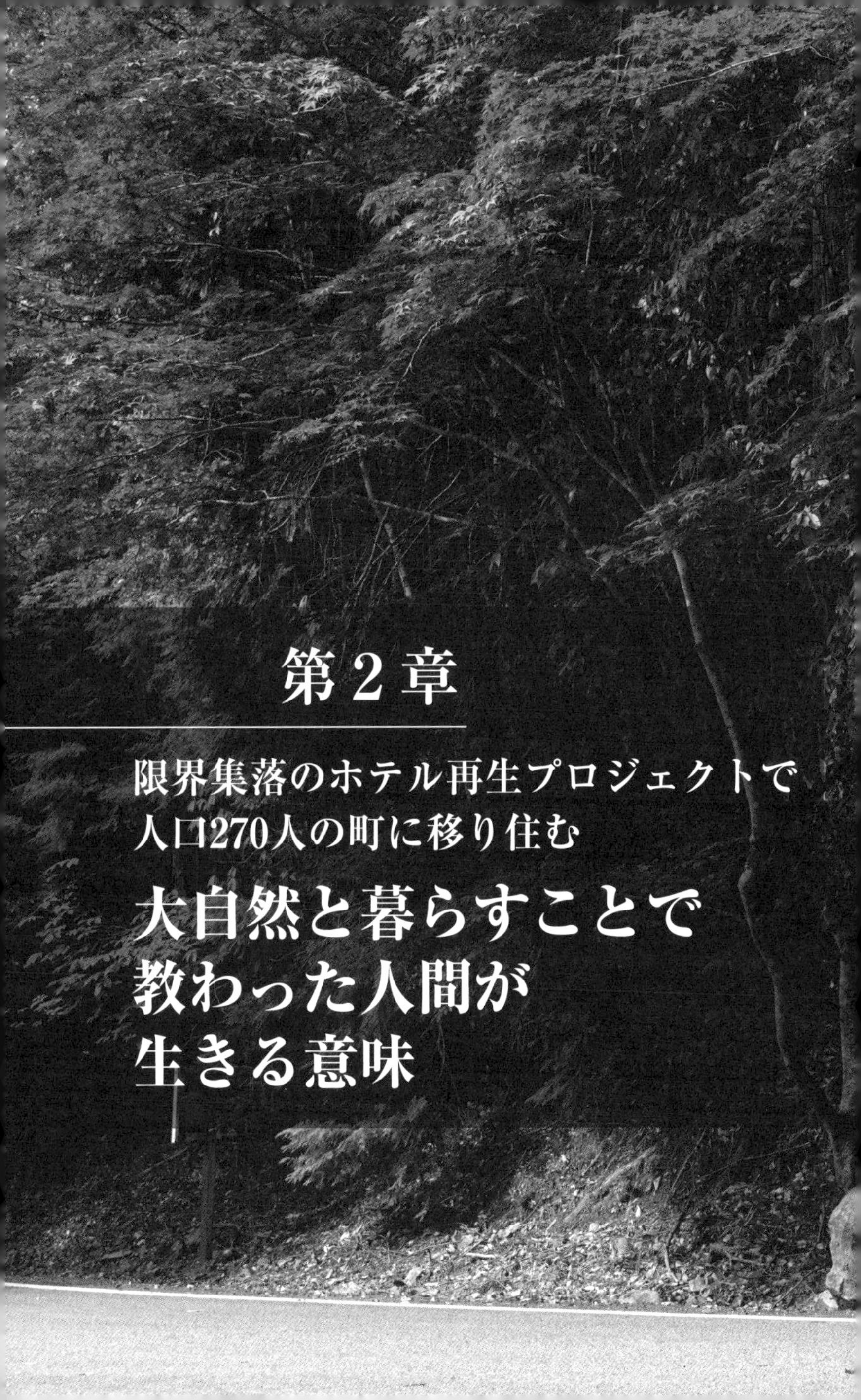

第2章

限界集落のホテル再生プロジェクトで人口270人の町に移り住む

大自然と暮らすことで教わった人間が生きる意味

限界集落は〝恵まれている〟

地縁血縁が強い田舎はよく、排他的、閉鎖的なところが負の側面として挙げられます。しかし、私が暮らしている松野町目黒集落にはあまりそういう要素を感じません。

身内びいきをしているわけではなく、明確な理由があります。高齢化が著しいあまり、「まずは自分に挨拶に来い、自分を通してから話を進めろ」などと強要してくる地域のドンがいないことです。

地元の土建屋の社長、観光地の協会・組合の理事長、商工会の会長、地方議会のベテラン議員や議長、OBである重鎮……といった人たちが戦後頑張ったからこそ、焼け野原になった日本が高度経済成長を成し遂げられたことは承知しています。なにより私が今、松野町で暮らすことができているのも、そういった人たちが秩序を維持しながら、生活インフラを整えてくれたからでもあると思います。

年功序列に象徴されるように、日本のなかでも特に地方や田舎には長幼の序＝年長者は敬うべしという考え方が根強く残っています。それはそれで大切な考え方だと思いますが、年長者に進言することはタブー、常に年長者の顔色をうかがって行動するといった空気感が世の中の発展や革新を阻んできたところも往々にしてあります。景気のいい時代を経験してきた団塊の世代が過去の成功体験をいつまでも引きずったり、既得権益を守ろうとしたりしていることが一つの要因だと思います。

コロナ禍によりホテルの営業を停止した２０２０年春、時間をもて余していた私は、松野町議会の議事録を20年分ほど、さかのぼって読んでいました。そのなかで分かったのは、つい10年ほど前まで松野町はまるで戦国時代にあったということです。

平成の大合併により、日本全国で市町村合併が強力に推し進められていた当時、松野町でも周辺の市町村と合併するか否かで議論が紛糾していました。白か黒かという単純な結論を追い求めて、賛成派と反対派が完全に分裂していたのです。町長も１期ごとに変わったり、副町長が自殺に追いやられたりと、不安定な政情が続いていました。

潮目が変わったのは２０１６年11月、現職の坂本浩さんが町長に当選したタイミングです。町役場職員出身の坂本さんは当時53歳でした。70代の対抗馬を下したことが、時代の変わり目となったのです。4年後の2020年では誰も対抗馬が出ず、坂本町長が無投票で再選したのは、かつてはエネルギッシュだった団塊世代の人たちに闘う気力が残っていなかったからだと思います。

どこの自治体でも、派閥や政党間での対立や議員同士の足の引っ張り合いは多かれ少なかれありますが、松野町ほど激しいケースは和を尊ぶ日本では珍しい気がします。ある意味、たくさんの血が流れるところをかたわらで見ていた今の40代、50代の人たちはそれを反面教師にしているところがあるように感じます。戦国の世から泰平の世へ、この松野町でも歴史が動いていたのです。

不毛な争いにより、松野町は消滅自治体に向けて一段と加速していました。コロナ禍も相まって、住民同士がコミュニケーションを取る機会は激減していました。だからこそ、こちらで寄り合いの場などを設けると、家が100mほどしか離れていない高齢者同士が「1年ぶりだねえ」と再会を喜んでくれました。目黒集落では、10年ほど前までは存在したであろう、村社会特有のしがらみはずいぶん弱まっています。

田舎では民家や田畑を借りたくても、所有者がなかなか首を縦に振ってくれないケースも少なくありません。しかし、目黒集落では地域の人が快く貸してくれたおかげで、水際のロッジで働くスタッフ2名も古民家を借りて集落内で暮らしています。

農地に関しても、所有者の方が元気なうちは簡単には貸せないとなるのが通例ですが、体力の衰えなどで農地を守ることが難しくなると、誰でもいいからやってほしいというスタンスに変わってくるのです。

小室直樹著『日本人のための宗教原論』によると、儒教信奉のもと、日本の官僚主義は国家統治のために独善的、盲目的に利用されてきた歴史があります。

しかし、官僚制はいずれ腐敗する宿命を背負っています。それを阻止するために、アメリカで古くは19世紀前半に導入されたスポイルズシステムというものがありました。スポイルズシステムとは、政権・政党が変わると、原則として高級官僚を総入れ替えする仕組みです。

旧ソビエト連邦も、スターリンシステムという、アメリカと似たような手法を用いています。高級官僚を大量に粛清するというさらにドラスティックな改革です。

かたや日本は、官僚制に対するブレーキ機能をもたないままで走り続けている状態です。今の日本社会には、それがもろに反映されています。

日本は政府組織のみならず、地方自治体、教育機関、地域の自治会、町内会に至るまで、年長者の権威を守る、すなわち既得権益を保全する仕組みを完璧に維持しています。さらに、電力会社や水道、ガスといったインフラ組織、都市銀行や地方銀行のような準公共的企業、そして民間の大企業や老舗企業に至るまで、この体質はあらゆる経済機能を担う組織にまで蔓延しています。

果たしてその先に希望はあるのでしょうか？　限界集落は、日本が構造的に腐敗、頽廃していく加速主義の成れの果てです。今後、多くの集落や自治体が後を追うように限界を迎えることは容易に想像できると思います。

裏を返せば、消滅するか否かの過渡期にある今こそがチャンスです。新しい物事を進めやすく、自分たちのつくりたい世界をつくっていきやすい自由度の高さが限界集落の魅力なのです。

それでいて目黒集落は、生活基盤には欠かせないインフラが十分整っています。昭和の均衡ある発展の恩恵により、一部を除いて道路はゆったりしていて運転しやすいですし、電気や水道、ガス（プロパン）は問題なく使えます。

さらに目黒集落では、光回線が町内全域を１００％カバーしています。高速のインターネット回線が通っているので、地域内の古民家をサテライトオフィスやリモートオフィスのように活用することもできます。情報インフラが発達し、働き方や生き方も多様になった今、私は限界集落に大きなポテンシャルを感じています。

ここにしかない歴史がある場所

松野町目黒集落の最大の財産は、滑床渓谷を中心に手つかずの自然が残っていることです。日本最後の清流といわれる四万十川の源流があり、渓谷周辺は国立公園や鳥獣保護区、自然休養林などに指定されています。

そのキーパーソンが初代・岡田倉太郎町長（１９５５～59年、１９６７～76年在任）です。戦後復興の最中、岡田町長は１９５７年、滑床エリアにユースホステル万年荘を建設し、English Campと名付けた国際交流の場を設けました。美しい自然を守りながら、山と渓谷を人々（主に若者）の学びと遊びの楽園にしようと考えていたそうです。当時はまだ、一次産業と二次産業に従事する人口が60～70％を占めていた時代だったことを思えば、先見の明がある人だったことが分かります。

以来、第三セクターが運営していたのですが、しだいに施設も老朽化し、時代の流れとともに観光客のニーズに合わなくなってきました。そんななかで登場した二人目のキーパーソンが古川林三郎町長（1983～92年、1993～97年在任）です。行政が主体となって運営する宿泊施設としては、お手頃価格で地元のグルメを堪能できる国民宿舎が主流だった頃、「どうせつくるならほかの町と同じようなものをつくっても仕方がない。上高地の帝国ホテルをモデルにして日本一のホテルをつくれ」と号令をかけたのです。

上高地帝国ホテルは、西洋の城のような雰囲気が特徴の高級ホテルです。真っ赤な三角屋根や石造りの柱、外壁が目立つ派手なホテルを町がつくるなんて、当時の役人や議員の感覚からすれば非常識でした。議会では猛反対に遭いましたが、町長は押し切ったそうです。

外装やインテリアから、レストランで提供するフランス料理のフルコース、そして大きな鐘をつり下げたマントルピース（西洋の暖炉）まで、帝国ホテルのパクりと揶揄されても仕方がないほど忠実に再現された森の国ホテルがオープンしたのは1991年3月のことです。

当時はバブル経済絶頂期だったことも手伝って、オープン直後から客が殺到し、連日予約が取れないほどの繁盛ぶりだったそうです。

しかし、目新しさだけで勝負していたことが災いし、徐々に飽きられていきました。その人気にあやかるべく全国の市町村が似たようなホテルをつくったこともあり、「森の国ホテル」とその別館にあたる「森の国ロッジ」の合計宿泊者数は、1995年度の約1万5000人をピークに減っていったのです。

私たち民間のホテル事業者から見れば、経営者の怠慢だといわざるを得ません。運営者は第三セクターである松野町観光公社です。ホテルの従業員として働いていたのは皆、公務員です。客が増えたり減ったりしても自分の給料に反映されず、どれだけ赤字を垂れ流しても自分の生活が危ぶまれるわけでもありません。そんな環境では、従業員が高いモチベーションをもって改善を繰り返していくことは望めなかったのだと思います。

松野町の坂本町長は「第三セクターの仕組み上、民間のように利益追求に専念できない。地元取引先の優遇などで利益が上がらなかった」と話していますが、しがらみに阻まれてがんじがらめになってしまったのだと思います。

悪い流れを止めるべく、松野町は2006年、新たな手法として指定管理者制度を導入しました。2012年までJR四国のグループ会社が運営したあと、大手ホテル企業のドーミーイングループが引き継ぎますが、やはり再生には至らず、2016年3月末時点に撤退しています。

結局、民間事業者がやっても経営難から抜け出せず、累積赤字は膨らむ一方でした。その要因を坂本町長は「管理を引き受ける企業は大やけどを負わないように堅実な運営をする。なるべく支出を減らそうとするコストカットが目立っていた」と分析しています。

そんなジリ貧状態で起きたのが、2018年7月の西日本豪雨です。山の斜面が崩落したためにホテルに唯一アクセスできる県道が通行できなくなり、夏季シーズンの営業休止を余儀なくされたのです。

一番の書き入れ時に道路が寸断されたことで万事休すでした。ある意味この災害が、森の国ホテルにとどめを刺す形になりました。紅葉シーズンに向けて10月から営業再開を試みたものの力及ばず、12月31日の宿泊を最後に無期限で休業することが決まったのです。ほどなくして自力再建は難しいと判断した松野町の坂本町長はやがて、民間譲渡を決断しました。

公募の情報を知ったとき、私のなかで森の国ホテルや滑床渓谷は聞いたことがあるという程度の場所でしかありませんでした。しかし、現地に足を運び、滑床渓谷の大自然のなかに身を置いたとき、私は直感的に強く惹かれていました。

滑床渓谷にある石碑。初代町長・岡田倉太郎氏（左）と「この森にあそび この森に学びて あめつちの心に近づかむ」（右）。

その直感を確信に変えたのは、渓谷内に立てられている石碑です。この森にあそびこの森に学びて あめつち（天地）の心に近づかむ――初代町長・岡田倉太郎氏が書き残したその言葉が石碑に刻まれているのを見た瞬間、私はこの土地を受け継いでいく使命があると感じたのです。

後付けの理屈にはなりますが、滑床渓谷にはそれまで、営利のみを目的とした観光施設がまったくなかったことが一つの要因だと考えられます。滑床渓谷研究の第一人者で『滑床の自然と探勝』の著者でもある故・大谷彰氏は「営利観光ではなく公益観光で行こう、という一貫した方針で、滑床の自然保護に徹した経営を続けてきた。だからこそ、滑床渓谷の自然は俗化していない」と言っていますが、滑床渓谷が乱開発もいとわない民間企業の手に渡らなかったからこそ、メジャーな観光地になることなく、手つかずの自然が守られてきたのだと思います。

岡田町長が語った言葉は、60年経った今でもまったく風化しないどころか、むしろ価値を増しています。経済成長至上主義のもとで突き進んできた結果、気候変動や環境汚染、富の極端な偏在など、さまざまな社会の歪みを引き起こしてきた今こそ、立ち返るべき原点だと私は感じたのです。

「あめつちの心」を受け継いでゆく

2019年3月に行われた松野町の公募に応募した結果、私たちが新たな運営先として選ばれました。

運営を引き受けるに際して、町から提示された条件のひとつが「森の国」という名前を受け継ぐことです。森の国ホテルは町のシンボル的な存在として町民が誇りにしているから、という説明を受けました。

しかし、なにをもって森の国と定義したのかは分からないといわれたため、私たちはそのコンセプトを再定義することにしました。

森の国ホテルには、本館と別館（森の国ロッジ）があります。私たちはまず、コンパクトな別館を水際のロッジと改名してリニューアルオープンすることに決めました。ロッジの前にウッドデッキテラスを作ったのは、四万十川源流の清流・目黒川のほとりに佇んでいる水際感をより深く体

水際のロッジ前に作ったウッドデッキテラス

滑床渓谷を前に、テラスで自然を堪能できる

感してもらいたかったからです。穏やかな風が吹く水際で、一片の折り紙が舞い降りるようなイメージを形にしました。

「水際のロッジ」のすぐそばにある滑床渓谷を訪れた人はよく、このエリアをジブリの世界と形容します。「場所が人を選んでいる」という人もいます。

ここには、きれいで穏やかな清流や人の手が加わっていない深い森、そして肥沃な土壌があります。「上を向いて口を開けていたら食べ物が入ってくる」という言い伝えもあるほど実り多き土地です。集落が消滅すれば、これらの地域の宝を失ってしまうのだと気づいたとき、私はなんとかこの地域を残さなければという使命感に駆られたのです。

目黒集落は、四万十川上流の豊かな水源や生物多様性に溢れる森に生かされてきたエリアです。かつて木材が今の原油のような金のなる木だった頃、滑床渓谷の自然は資源の宝庫であり、藩同士の領地争いが繰り広げられたそうです。1950年頃、林業が栄えた時代は、約1500人が暮らしており、集落内には映画館などの娯楽施設もあったと聞きます。

その後、経済発展や産業構造の変化とともに都市部への人口流出が進み、人口が270人になった今も、目黒には多くの歴史的資源、環境的資源、文化的資源がその姿をとどめています。こういった多くの資源を有する目黒集落は、山に抱かれた「風の谷」であると考えています。

「風の谷」というのは、『シン・ニホン』（NewsPicksパブリッシング）を書いた安宅和人さんが発起人となって始めた未来創造プロジェクトのキーワードで、テクノロジーを賢く使うことで都市集中型の未来に対するオルタナティブ（代替案）を作り上げていこうという運動論です。過密する巨大都市にしか人が暮らせなくなるディストピア（反理想郷）的な未来を避けるためにオルタナティブを提示し、人間が自然とともに豊かに生きる世界を実現する――そういったビジョンに私は共感し、自分たちでもオルタナティブをつくっていくことに決めたのです。

自然が引き出す創造性

環境が変わったことで、生まれてからずっと都会で暮らしてきた娘たちにも変化がありました。目黒集落に来てからは運動神経がぐんぐん発達しているように見えます。

例えば、浅い川の向こう岸に渡るとき、濡れないように水面から出ている石の上をつたっていくのですが、石の形も高さも違えば、石と石の間隔も違います。加えて、天候によって川の水量が変わると、距離感も微妙に変わります。正確に目測し、自分の跳躍力と照らし合わせて判断できる力がなければ、川に落ちてしまうのです。

10歳と13歳の娘も、最初はよく川に落ちていましたが、今では軽やかに石から石へと飛び移っています。福山市にいた頃は、学校のグラウンドにせよ公園にせよ、平らな場所で運動するのが当たり前だった彼女たちは、そういった能力を鍛える機会も場所もなかったのです。「人工物≠自然」だという現実をまざまざと見せつけられた気がしました。

マラソン競技において無類の強さを発揮するアフリカのエチオピアという国がありま す。1960年のローマ五輪に裸足で出場して金メダルを獲得したアベベが有名です。

エチオピアの選手がなぜ強いのかを探るべく、15カ月間、現地でマラソンランナーたちとトレーニングを共にした人類学者のマイケル・クローリーいわく、彼らは週に一度しか舗装されたアスファルトの上を走らないそうです。同じ動作を繰り返すことで特定の筋肉や部位に負担を掛けないようにするため、凸凹の未舗装路や、森の中で木々の間をジグザグに走るのです。さらに18歳までの育成段階にある選手は、アスファルトの上はいっさい走らないそうです。

自然環境は、スポーツ教室やアスレチック施設では鍛えられない能力を人間に授けてくれます。カブトムシがうちわの上では起き上がれないのは、自然界に真っ平らな場所が存在しないからだそうです。

解剖学者の養老孟司氏は、「子どもの頃に自然と触れ合った原体験を持っていることはとても大切。その経験が子どもの感性を育み、感覚器官を発達させる」といっていますが、私自身がその変化を体感しています。

私自身、岡山県の田舎で生まれ育ち、木登りや川遊びをした子ども時代の原体験があるからこそそう思うのかもしれません。とはいえ、私の経験上、自分の子どもに自然の中で存分に遊ぶ体験を味わわせてあげたいという思いは、親心として普遍的なものだと感じています。

「水際のロッジ」をオープンした2020年の夏休み、GoToトラベルの後押しもあり、連日のように満室が続いた時期がありました。都会のファミリー層が多く来ていたのですが、野菜を収穫し、採れたての新鮮さを堪能する、竹の釣り竿を作って魚を釣る、うなぎの罠を仕掛ける、自分で焚き火を起こし、釣った魚を焼いて食べる……といった非日常な体験を味わった子どもたち全員が、帰りたくないと言いました。年齢が低いほど、その傾向は顕著でした。

しかし印象的だったのは、お父さんたちも童心に帰ってアクティビティに興じている様子でした。普段はさまざまなものを背負って生きているお父さんたちにとっては、肩の荷を下ろせるひとときのように思えました。充実感に溢れた彼らの表情が、そういう時間や場所の必要性を物語っていたのです。

自然農が教えてくれた「循環」の大切さ

今や、農薬や化学肥料、トラクターや田植え機、コンバインなどの農業機械を使わずに農業を営む人はめったにいません。しかし、つい60年ほど前までは、日本中の農家で牛や馬を飼い、地域で発生するふん尿や草木類などの有機資源を農地に還していました。まだ自給自足的な暮らしが各地に残っていた時代の話です。

しかし敗戦後、高度経済成長期に地方の農村部の人々が都市部に押し寄せたことで、地方は深刻な労働力不足に陥りました。それを補うものとして重宝されたのが農業機械です。

機械代や燃料費、メンテナンス費は掛かりますが、その効率性や生産性を一度知ってしまうともう元には戻れません。トラクターやコンバインが全国の農村に普及していくととともに、馬や牛による農業は消滅していきました。

高価な農業機械を購入し、維持するためにも、農家はこれまで以上の売上を求められるようになります。しかし、ＪＡ（農協）が提示する安い買い取り価格では、十分な収益をあげることはできません。そうなったときに価格決定権をもたない農家は、品質や栽培方法は差し置いて収量を増やそうと考えます。そのためには作業を効率化し、生産性を高めることしかありません。その結果、圃場整備の一環として、人工的に区画整理されたきれいな長方形の田畑が日本中至るところで見られるようになりました。

区画整理により生産性や効率性は高まりましたが、さまざまな負の遺産を生み出しました。その一例が、生物多様性の消失です。土で作っていた用水路のコンクリート化が進み、そこを棲み家としていたメダカやカエル、アメンボなどの生物がどんどん居場所を奪われていきました。

海や川、森、林といった自然環境と、そこに生息するすべての生物で構成される空間を生態系と呼びますが、私たちの知らないところですべての生き物が相互に関わり合って生きています。例えば害虫、益虫という分類は、あくまでも人間から見た視点に過ぎません。彼らがいなければ生きられないバクテリアや菌類もいます。また、それらを食糧にする川の小魚、その小魚を狙って集まる野鳥は食物連鎖によってつながっており、お互いにメリットを交換し合いながら共存＝共生しているのです。

私は決して農薬や化学肥料、トラクターを悪者にするつもりはありません。それらが世に登場したことで、家族総出で田植えや草刈り、稲刈りをする必要はなくなりました。無農薬栽培にチャレンジした私自身、真夏の炎天下でぶっ倒れそうになりながら、ひたすら草引きをしました。抜いても、抜いてもすぐに伸びてくる雑草と日々格闘し続けた人なら、農薬やトラクターのない時代に戻りたくないと思うのは当然です。私がいいたいのは、暮らしが便利になった代償を見つめ直す時期が来ているのではないかということです。

現に時代は変わっています。産業分野を問わず、SDGs＝持続可能な開発目標やESG投資（環境（Environment）・社会（Social）・ガバナンス（Governance）要素も考慮した投資）を抜きにした事業活動を考えることは難しくなりました。

農業も例外ではありません。農薬や化学肥料を散布している田んぼからは命の息吹を感じることはできません。草もきれいに刈り取られて、見栄えはとてもいいのですが、そこに生き物の姿を見つけられないのです。

私の自然農法の師匠は、東広島市で「瀬戸内まいふぁーむ」を経営している高内実さんです。自然農法の大家である福岡正信氏のもとで学び、自然農を20年以上実践している高内さんは、江戸時代や先人の農書を読みながら、不耕起（耕さない）栽培、無農薬、無肥料で多くの農作物を育てています。「耕さず、肥料・農薬を用いず、草や虫を敵としない」を原則とし、雑草を抜くこともしない自然農法は、人間がよけいなことをせず自然に任せる農法です。

高内さんは、循環を阻害しないことを自然農の極意として語っています。人間の勝手な都合で、自然循環をねじ曲げず、短期的利益や効率ではなく、長期的循環や持続可能性を重視する――私自身も2021年から田畑を借り、農作物を栽培するようになって、人間は大きな大自然のサイクル（循環）のなかで生かされているのだと身をもって感じています。

これはもはや言葉では表現できない感覚認識の発露だと思います。私が借りた田んぼも、長年、農薬や化学肥料を使う慣行農業が行われていましたが、それらの使用を止めると、土壌はみるみる回復していきます。イトミミズ、ゲンゴロウ、ホウネンエビ、メダカ、ドジョウなど、たくさんの生き物の姿が見られるのです。
まさにこれこそが、実体を伴ったサステナビリティ（持続可能性）やサーキュラー・エコノミー（循環経済）だと思います。身体性を失ってしまった都市部から離れ、自然や土に触れる体験を通して、自然の循環のなかに生かされている感覚を味わう機会をつくり出すこと。それが、自然農を実践している目的の一つです。

自然農を広めるチャンスがやってきた

農家が慣行農法から抜け出さない（抜け出せない）のには、自然農では十分な収量を確保できず食べていけないという、現実的な問題が横たわっています。

しかし、それはある種の思い込みに過ぎないことを私は身をもって知りました。自然農だと収量を確保できないというのは先入観です。土壌がもっている本来のパワーを引き出せば、慣行農法で栽培するよりも多くの収穫を得られます。実際、私の師匠である高内さんは米作りにおいて1・2～1・4倍の収量を得ています。しかも、健康で病気になりにくくて品質も良く、味も抜群です。

有機農法や自然農法が否定され、慣行農法が主流になった背景には、企業が利潤を生み出すために自分たちで火をつけて消すマッチポンプ方式があります。

- 生産量を増やすために苗どうしの株間・条間を狭めると、稲と稲の風通しが悪くなり、病気になりやすくなる。
- トラクターで土を掘り起こすと、本来、空気に触れることのない嫌気性微生物が土中からかき出されてしまい、稲が病気になりやすくなる。
- トラクターで地面を踏み固めると、土中に酸素が浸透するスペースがなくなるので、稲の発育に必要な微生物が死滅してしまう。

作物や土壌自体がもっている力を人為的に弱めることで、より多くの農薬や化学肥料を撒かなければならない状態に自らを陥れてしまっているのです。

その裏にあるのが、化学肥料メーカーと農薬メーカー、農機具メーカーの蜜月のトライアングルです。自分たちの利益を守りたいという彼らの思惑によって、慣行農法のほうがいいという常識が形成されてしまったのです。なぜ農薬を撒くようになったのか、まわりで農業をやっているどのおじいちゃんに聞いても「農協に言われたから」という答えしか返ってきません。常識はいったん信じ込んでしまうと否定するのが難しくなるものです。

稲作の慣行農法において一般的な稲作の株間は18～20㎝ですが、不耕起栽培では30～40㎝ほどの広さを確保します。不耕起栽培はトラクターで田起こしをする代わりに、冬の間じゅうずっと田んぼに水を張っておきます（冬期湛水）。別の章で詳しく説明しますが、植える苗の本数は1／10程度に減るのですが、そのぶん伸び伸びと根を生やし、たくましく成長するので、全体的な収量では慣行農法を上回るのです。

にもかかわらず自然農法が広まらない理由は下地づくりに数年単位の時間が掛かるからです。その農地でどのくらい慣行農法を続けてきたかという前提条件によって変わりますが、一定以上の収量を確保できるまでに平均7年かかるといわれています。私自身も専業農家で、家族を養っていかなければならない立場であれば、一定の貯金がない限り、はじめから自然農にはチャレンジできません。

しかし、状況は変わりつつあります。中国の輸出規制、ロシアのウクライナ侵攻などを背景に、2022年の春頃から化学肥料が高騰しています。肥料の三要素となる窒素とリン酸、カリウムの原料には原油や天然ガス、リン鉱石、カリ鉱石などが使われており、ほぼ全量を輸入に依存しています。成分が平均で5割ほど値上がりしているため、日本政府も化学肥料の使用量を減らした農家に対する支援策を検討し始めています。さらに政府は、2021年5月「みどりの食料システム戦略」と題し、現時点で全面積の0・5%に過ぎない有機農業の面積割合を2050年までに25%に拡大する目標を掲げました（国際標準と比べて、大幅に進捗が遅いのは残念ですが）。

原油価格の高騰により、寒冷地などでハウス栽培を行う農家はさらに痛手を被っている今、経済性の高い慣行農法と割に合わない自然農法という構図が崩れつつあります。今こそチャンスです。一気に有機農法や自然農法にシフトしていく流れをつくりたいと考えています。

そのなかで私たちが企業としてできることは、自然農をやりたい人たちへの支援です。具体的には、住まい・農地（耕作放棄地）の斡旋や農機具のリースなどを考えています。

といっても、新規就農者だけを求めているわけではありません。新しい時代の就農は、多様な暮らしや地域コミュニティのうえに成り立つのが理想だと思います。10年ほど前に「半農半X」という言葉が流行りましたが、私たちが実現したいのは農のある暮らしや自然とともに生きる暮らしを実践する人を増やすことです。

普段はそれぞれが自分たちで収入を得ながら、稲刈りや田植えなど、共同作業が必要なときは一緒にやる――そうした価値観に合う自律分散型の集落をつくっていきたいと思います。

アップサイクル＝価値を高めるリサイクル

サステナビリティ（持続可能性）やサーキュラーエコノミー（循環経済）を実現する手段として、私が日常のなかで実践しているのがアップサイクルです。

アップサイクルとは、廃棄されるものの素材をそのまま活かして使うことです。リサイクルのように、分解したり溶かしたりして原料に戻す際のエネルギーが不要なので、環境負荷を低減させます。もちろんコストも安く抑えられます。

私が今、家族と暮らしている家も、アップサイクルの考え方に基づいてリフォームしました。もともと鮮魚店兼自宅として使われていた築30年の空き家に新たな命を吹き込んだのです。

家具や生地は厳選したものを使用。

リフォーム前の押し入れ感を残したベッドルーム。

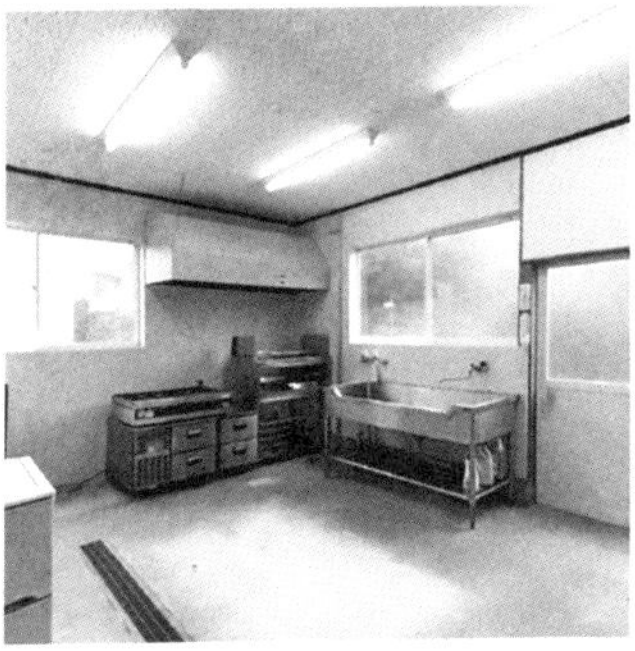

魚屋さんの厨房だったキッチン&ダイニングは、人が集うコミュニティスペースとして機能しています。

2022年には、この建物の裏にあった小屋を解体し、離れ棟をつくりました。1〜2週間のプチ移住体験や、1カ月〜半年単位のセミ移住など、気軽にショートステイできる宿泊施設として貸し出していく計画を立てています。

必要以上を求めない

私たちの住居には、ベーカリーショップ「森とパン」が併設されています。私たちの会社が運営しており、オープンしたのは2020年9月です。天然酵母とできるだけ地元の食材を使った手づくりのパンを販売してい

ます。この地区では30年ぶりに新しい店ができたということで、地域の人たちも喜んでくれました。

この「森とパン」でパンをつくり、店頭に立っているのが、2017〜2020年まで松野町で地域おこし協力隊を務めていた岸本さんです。アメリカのカリフォルニア州でベーカリーショップ「BrioBrio」を経営している私の友人がコロナ禍の影響でアメリカに行けず、2カ月ほど「森の国」に滞在していたときにパンのつくり方を教わり、天然酵母を分けてもらいました。

店の看板はパッと見て目立つように、

黄色にしています。空間設計やアートディレクションはプロの方にお願いしたのですが、店の顔ともいえる看板の題字は松野町の小学生から公募しました。

そのなかから最終的に選んだのが、今の題字です。書道コンクールでも入賞しそうなほど、美しい文字を書いてくれた子もいたのですが、親しみやすく「森の国」らしいほうを選びました。

人気メニューは特製ブリオッシュとグリーンカレーパンです。土日限定で営業しているのですが、ありがたいことにオープンから2年以上が経った今でも開店から1～2時間で完売してしまいます。町内だけでなく、県外からも人が訪れ、「本当においしい」という声も頂いています。

コロナ前までの私ならば、ためらいなく営業日や製造量を増やす成長路線を選んでいました。雇用を生み出すことができるうえに喜んでくれる人も増やせるかもしれませんが、私たちは頑なに今の規模感を維持しています。大量生産・大量消費、経済成長や株主利益を優先する考え方など、これまでの資本主義における正解から脱却しようと考えているからです。

この考え方は実は昔から日本にあります。吾（われ）、唯（ただ）、足るを知る——必要以上に求めないという意味ですが、資本主義＝Capitalismの暴走に歯止めを掛けるためには、蓋＝Capをしなければならないのです。

私たちの事業においても、企業は成長し続けないといけないという呪縛から解き放たれ、充足している状態を持続させていく方向に舵を切ったのです。

森の国リパブリック（共和国）構想

都市集中型の未来に対するオルタナティブ（代替案）をつくり上げていくため、私たちは2021年に「森の国リパブリック（共和国）構想」を掲げました。この構想は、人の手が加わっていない自然が残った滑床渓谷の森と四万十川の源流・目黒川を有する超限界集落をよみがえらせようというものです。

大切にしているコンセプトは、昔を懐かしんで昔に戻ろうとするのではなく、現代版にアレンジすることです。リモートワークやワーケーションといった柔軟な働き方、イ

Brand Context

森の国リパブリック
という発想。

ここは私がもっとも好きな場所。
東京から3時間かかっても行きたい場所。
そこには最高の国があるから。
そして素敵な人々と逢えるから。

森の国ホテル
森の国ロッジ
森の国スパ
森の国ピッツェリア
森の国バー
森の国キャンプ
森の国ヨガ
森の国キャリオニング
森の国トレッキング
森の国クロスカントリー
森の国ウェディング
森の国フィッシング
森の国キャンパス
森の国シネマ
森の国ライブ
森の国ワークショップ
森の国スターツアー
森の国ダイニングアウト
森の国イングリッシュキャンプ
森の国マーケット ……

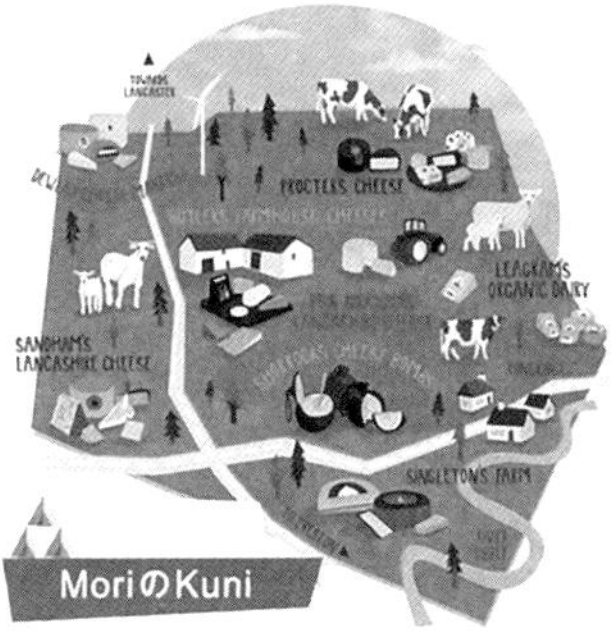

ンターネットやSNSなどの情報空間、AIやIoTというデジタルテクノロジーといった現代文明と古くからある大自然や人の営みを組み合わせることで、新たな社会基盤を創造していけると考えたのです。

私は今、自分が思い描く世界観でコミュニティをつくれることにワクワクしています。

・空き家のアップサイクルを通じた、プチ移住（2、3週間）、セミ移住（1カ月半〜半年）、ワーケーションの受け皿となる宿泊施設のプロデュース。

- 森とパン：移住者と地域の人々にとどまらず、オンラインを通じた世界中とのつながりをもてる身体的空間としてのハブ。
- 訪れる人々の感覚認識を発露させるような空間スポットを点在させる。
- 教育、医療といった生活インフラをテクノロジーの力を借りてアップデートすることで、超限界集落に移住する際のボトルネックを解消する。

この世界観に共鳴してくれる人たちが集まれば、きっと面白い場所になると考えています。そしてこういった個性ある場所が日本中に点在していたら、喜んで日本を訪れる外国人はもっと増えるのではないかと思います。

かつて「ジャパン・アズ・ナンバーワン」ともてはやされた国は、経済の停滞から抜け出せないまま、「沈みゆく国」と呼ばれるようになりました。オワコンとして見切りをつけ、米国やシンガポール、マレーシアなどに移住する人も少なくありません。

その要因の一つは、明治維新以降続く中央集権体制ではないかと私は考えます。欧米列強の圧力に対抗し得る近代国家を形成するために廃藩置県を実施（幕藩体制を解体）し、中央集権体制を強化しようとした当時の判断は正しかったと思います。

しかし、地方自治体は中央政府からおりてきた指令に従うのが当たり前とされる環境が続くうちに、地方の硬直化、画一化など、中央集権体制の弊害が目立ってきました。中央政府から補助金や交付金などで支援してもらえるかわりに主体性と自由を奪われたことが、地方の衰退を招いたのだと思います。

そのなかで目黒のような末端の限界集落は、いわば壊死した小指の先です。しかし私は、そこから日本の蘇生を始め、心臓部（都市部）へと血液を送り込めるようにしたいと本気で考えています。

棺桶に片足を突っ込んでいる点では、借金50億円を背負った赤字ホテルも、限界集落も変わりません。蘇生人として生きていくことが私のアイデンティティではないか――そう気づいたときから、私は「社会蘇生人＝ソーシャル・リジェネレーター」を自称しています。

第3章

大自然でクリエイティブな
生き方を見つける

限界集落
だからこそできる
「自分らしい生き方」とは

金太郎飴から脱却せよ

私は父が運営していたビジネスホテルを引き継いだ20代半ば頃から、ホテルのあり方に違和感を覚えていました。スタッフ採用の面接では「接客が好きです」「サービス業で人と触れ合うことが好きです」と言う人たちを採用するのですが、実際の業務ではサービス業と呼べるかすら怪しいのが実情だったからです。

ホテルの宿泊客への対応は「いらっしゃいませ」「こちらにお名前とご住所をお願いします」「ありがとうございます」「ルームキーです。ごゆっくりどうぞ」「○○泊で○○円になります」……といったスーパーやコンビニのレジとそう変わらない、極めてマニュアル的なやりとりが大半を占めていました。「宿泊客と接する」のではなく「宿泊客をさばく」のがフロントの仕事だったように思います。

もっとも、ビジネスホテルとしては、それは正解だと思います。「今日は暑いですよね。どちらから来られたんですか?」などと気さくに話しかけたらむしろ戸惑われます。手厚い接客を重視するためにフロント（人）の数を増やす方法もありますが、それでは採算が合わなくなります。

ビジネスホテルである限り、変えられる要素、アレンジできる要素があまりにも少ない、そのもどかしさが自分たちで一から考えたホテルをつくろうという思いを強くしていきました。

つまるところ、ビジネスホテルは昭和の「大量生産・大量消費型」モデルの象徴です。業務のマニュアル化や標準化を推し進め、生産性、効率性を極限まで高めながら、全国に水平展開していく。そんな〝金太郎飴ホテル〟に対する違和感が、私の中で積もり積もっていたのです。

「安くて便利な」大手チェーンホテルの存在を否定しているわけではありません。急な出張時には重宝しますし、無機質さがかえって気楽だったりする場合もあるはずです。全国どこに行っても同じ部屋、サービスが用意されているので安心感もあると思います。

ただ、せっかくいつもとは違う場所に訪れたのに、方言や文化、習慣など、その場所の地域性をいっさい感じないまま、商談だけして帰ってくるのはもったいないと思うのです。琴線に触れるような感動や、価値観が揺らぐような体験は、まったく想定していない出会いからしか生まれないものだと思います。

コロナ前までは日本の観光は「おもてなし」と世界から称賛され、外国人観光客が殺到していました。しかし、私はその「おもてなし」も陳腐化しているように感じていました。旅行会社が用意したパッケージツアーに参加したり、ガイドブックに載っている場所を一つずつ回ったりして、定番のルートをたどる、いわばデートマニュアルを見てデートに誘うようなありきたりな旅のあり方が主流でした。

私が旅先で出会ってきた欧米人は、2カ月ほど長期休暇を取るのが当たり前で、マニュアルや定番に縛られていませんでした。多くの人がどう過ごすのが自分にとって心地いいかを軸に据えて旅をしていました。

かつて日本は均衡ある発展の名のもとに一億総中流社会になりましたが、ある意味それは一億総金太郎飴化とも言い換えられる気がします。

地方の郊外にある幹線道路を走れば一目瞭然です。大型ショッピングモール、コンビニ、ファミリーレストラン、ホームセンター、ドラッグストア……。全国にチェーン展開する大規模店舗が立ち並ぶ風景は、どこを切り取っても同じ光景です。

次ページ（上）の写真はある都市部のターミナル駅前の風景です。これを見て、どこの駅かを当てられる方はよほど日本に詳しい人だと思います。その下にあるチェコ・プラハ駅と比べれば違いは一目瞭然です。どの地方都市の駅前も、シンボリックな建物や駅名を伏せて写真だけを見せたら判別することは極めて困難です。その実態を「ファスト風土」と名付けたのは三浦展《あつし》さんですが、もはや固有の地域性が消滅しています。

その点、全国どこにでもあるような風景がないことは、独自路線を歩むうえで大きなアドバンテージになります。目黒集落でいえば、江戸時代から350年間変わっていない家並みや人の手が加わっていない滑床渓谷をはじめとした「ここにしかないもの」がほかの地域と差別化してくれるのです。

京都や奈良が世界的にも有数の観光地として多くの人を呼び寄せてきた理由は、そこにしかない寺や神社を残してきたからです。京都では美しい景観を阻害しないために、一等地でも建築物の高さは最大で31ｍまで（10階建て相当）に制限し、建物の高層化を規制しています。

都市のターミナル駅前の風景

チェコ・プラハ駅

しかし地域特有の文化や景観、歴史を色濃く残した「重要文化財」や「世界遺産」に指定されればそれでいいというわけではありません。そこに魂がこもっていなければ意味がないのです。その魅力を理解し、後世に残したいという思いを抱く人たちが中心にいない限り「重要文化財の金太郎飴化」を招き、価値はどんどん薄れていくように思います。

By nameで生きろ！

金太郎飴化に対する違和感をもちつつも、借金の返済に追われてそれどころではなかったというのもありましたが、かくいう自分自身も「右へならえ」の価値観で生きていたのだと思います。

私が高校、大学時代を過ごした1990年代は「いい大学に行って、いい会社に入ること」が正解だった時代です。今のようにインターネットで情報を仕入れたり、YouTubeで個人が情報を発信したりできる時代ではなかったので、世界は今よりもずっと狭いものでした。もちろん起業する人や職人になる人もいましたが、そういう選択肢もあるという発想自体が頭に浮かばなかったのです。

現在と当時の大きな違いは、時代の空気感です。経済が右肩上がりの1980年代を過ごしてきた成功体験からか、未来に対する希望的観測をもつことができて、レールの上に乗っていればそれなりの幸せをつかめたからだと思います。

私自身、バブル全盛期（1986～91年）は中高生だったので、景気の良さを直に体感したわけではありません。しかし大人たちから裸の1万円札を掲げて六本木でタクシーを止めていたというエピソードを聞いて憧れた記憶も残っています。生活感のかけらもないオシャレな高級マンションの一室を舞台に、美男美女が恋愛模様を繰り広げたトレンディドラマはまさに、バブルの象徴でした。

しかし、バブル崩壊を機に、日本は景気後退の局面に突入しました。「失われた30年」ともいわれますが、経済の停滞を肌で感じてきました。もはや気合や根性でどうにかなるものではない、外部環境の変化が起こっています。その時代の変化に置いてきぼりになっている中高年層が、部下を厳しく叱責し「パワハラ」として糾弾されるようになりました。

昭和の日本では、新卒で入社してから定年退職を迎えるまで、家族的な会社で職務をまっとうする生き方が模範解答でした。しかし、それは皆が金太郎飴化するという弊害を生み出しました。

私が幼い頃、父が経営するデニムメーカーの縫製工場を訪れたとき、約800人の従業員が働いていました。それから10数年後、ものづくりに関わる企業は分野を問わず、安い人件費を求めて、中国に移転する流れが生まれました。安さだけが中国を選んだ理由なので、経済発展によって人件費が高くなってくれば、中国に工場を構えるメリットはありません。ベトナムやカンボジア、バングラデシュに工場を移す流れが進み、行き着くところはアフリカだと思います。

「人の手によるものはすべて陳腐化する」という言葉を遺したのはマネジメントの父と称されたピーター・F・ドラッカーです。商品はいずれコモディティ化していきます。その流れを強力に推し進めるのが、規格大量生産です。

同じものを大量につくることでコストを抑えられるぶん、消費者にとっては安く手に入れられるメリットがあります。しかし、企業としては価格で競争せざるを得ない苦しい未来が待ち構えています。

テレビ番組はビデオで録画再生していた時代を経て、1997年に登場したSONYのDVDプレーヤーは、発売当初11万円でした。それが今や5千円以下で売られています。内蔵HDDの登場で、もはやDVDの存在価値自体が薄れてきています。

コモディティ化すると価値が薄れるのは、モノづくりに限った話ではありません。ホテルも同じです。特徴がなければ利便性や価格で競争しなければならなくなります。しかしその土俵では合理化、効率化を進める大規模なホテルには敵いません。そういった現状へのアンチテーゼや問題意識からつくったのがANCHOR HOTEL FUKUYAMA（アンカーホテル福山）なのです。

愛を注げるハコを求めて

もしコロナ禍がなければ、私たちは拡大路線をとり続けていましたし、私が目黒集落で暮らすこともなかったかもしれません。新規投資に伴う新たな債務リスクを背負って、窮余の策に追われていた可能性もあります。

思い返しても、当時はホテルを増やすこと自体が目的になっていて、その先の目標が描けていませんでした。資本主義システムのなかで経済成長を追い求め続けるやり方ではいずれ行き詰まってしまう懸念もあるけれど、この波を逃すわけにはいかない……。アンビバレントな思いを抱えたまま、明確な答えを出せていなかったのです。

それでも私たちは、そこに愛があるかどうか、という基準は忘れていませんでした。経営がうまくいっていないホテルは、必ずといっていいほどメンテナンスが行き届いていません。15～20年が交換の目安とされているエレベーターを、まだ動くからという理由で30年ほど使っていたり、サッシがガタついていたり、水回りが老朽化していたり……。できるだけコストをかけずに目先の利益を増やそうという魂胆が丸見えです。オーナー自身にホテルに対する愛がなく、当然、そこにいるスタッフも仕事や宿泊客に対する愛情もありません。

特にインバウンドバブルの時に乱立した多くの収益目当てのホテルの中には、賃貸マンションとつくりがほぼ変わらないものがありました。もしホテルとして儲けられなくなれば、すぐに賃貸マンションに切り替えられるようにリスクヘッジされています。しかし、長年ホテル事業を営んできた私からみれば、そのような中途半端な事業戦略でうまくいくはずがないのです。

例えば、こんな話があります。大阪・難波のある経営者が12億円で購入したオンボロホテルを「14億円で買わないか」という話を持ちかけられたことがありました。

もちろん購入しませんでしたが、続いてその経営者から運営コンサルティングの依頼がありました。

大阪・ミナミの繁華街のど真ん中にあるホテルで、立地条件としては最高です。インバウンドブームのさなか、連日アジア人で満室状態でした。それでもその経営者は更なる収益を求めます。狭いシングルルームに無理やりベッドを2つ置き、宿泊客を二人ずつ押し込みます。これで客室料金は二倍です。フロントスタッフを極力減らしたうえでどのようなオペレーションをすれば良いか？　私はアドバイスを求められました。

「オペレーション以前に、まずは顧客満足度を高める、そのためにも従業員の働く環境に余裕をもたせることが先決ですよ」

バブルで高収益に浮かれている経営者には、そんな言葉も虚しく届きませんでした。

あれからコロナ禍を経て、あの高齢の経営者はどうなったのか、今でもふと気になるときがあります。

本気の人だけ集まってくる

そんななかでも「NAGI」と「LAZULI」で協業した積水ハウスさんの場合は、中国エリアの社長が私たちのコンセプトに共感してくれたおかげで具現化しました。

しかし、コロナ禍になって外国人の受け入れが止まりました。そこで頭を悩ませたのが、「NAGI」や「LAZULI」に入社した人たちのモチベーションをどのように維持するかです。日々、外国人観光客と接する前提で入社したにもかかわらず、その仕事がまったくできなくなってしまったからです。彼らの失望たるや、想像に余りある状態で、私は「ごめん」としか言えませんでした。

会社を存続させ、彼らがモチベーションを維持できるようにするためにも、私たちは「NAGI」と「LAZULI」のメインターゲットをワーケーション、マイクロツーリズム（自宅から1～2時間の近場で行う旅行や観光）に切り替えました。それに適応しようと頑張ってくれている人もいる一方で、辞めてしまった人もいますが、彼らを責めることはできません。

励ましたい気持ちは山々でしたが、偽りの希望を与えるのは御法度だと考えていました。来月の稼働率すら読めなかった私たち自身、経営計画を立てられていなかったからです。厳しい言い方になりますが、そういった外部環境の変化で心が揺らぐくらいなら、初めからやらないほうがお互いにとってプラスだとも思っていました。

コロナ禍中に退職者が出たのは、「NAGI」や「LAZULI」に限ったことではありません。観光業界やホテル業界が長期にわたって大打撃を受けている状況に不安を覚えたり家族から説得されたりして、ほかの業界に移っていく人も少なからずいました。

その事態を、私たちは必ずしも悪いことだとはとらえていませんでした。いつかインバウンドが戻ってくるまで頑張ろうという熱い気持ちをもった人や、誰になんといわれようと好きなんだからやりたい人など、本気度の高い人たちが残ったという意味ではいい機会だったかもしれません。コロナ禍はある意味、その人が本気かどうかを測るリトマス試験紙として機能したのです。

自由と責任は表裏一体

コロナ禍のおかげと呼べるような展開も生まれました。海外に行く予定だった大学生が足止めを食ったことで、国内に目を向けたのです。そこで私たちは彼らを集落に呼び込むために「インターンシップ」という制度をより積極的に活用することにしました。

インターン生の募集に力を入れるなかでご縁があったのが、大分県別府市にあるAPU（立命館アジア太平洋大学）です。2000年に創設された革新的な大学で、在校生の半分以上が世界約90カ国から集まった留学生です。キャンパス内では、当たり前のように英語が飛び交っていました。

ターニングポイントとなったのが、2018年に学長に就任したライフネット生命の出口治明さんとの出会いです。どうやら大学内で「すばらしいインターンの受け入れ先がある」という話が出ていたらしく、半年後の次の学期から「サン・クレアでインターンすれば単位認定する」という新しいルールが生まれたのです。スタートアップ企業並の機動力に私は感激しました。

将来のビジョンやそれに紐づく目的意識が明確で、「課題解決型の授業」や「在校生の多様性」などを理由に選ぶ学生が多いのもAPUの特徴です。学生は皆、1年間休学し、海外で学ぶのが当たり前とされており、大学もそれで単位を認定しています。私が知る限り「APUしか選択肢がなかった」、「第二、第三希望がなかった」と語るAPU生は多く、その意志の強さに感心させられています。偏差値で選ぶ旧来型の大学とは、一線を画しています。

前向きで積極的なAPU生にとって、コロナ禍で海外に行けなくなった、あるいは海外から戻ってこざるを得なくなったことは無念だったはずです。彼らが私たちの会社に目をつけてインターンに来てくれたことは幸運でした。

私たちがインターン生に提供している機会はかなり特殊です。特定のミッションも与えませんし、報告義務もありません。ましてや修学旅行の行程表のようなプログラムも用意していません。なにをやるか、いつ休むかもすべて自分で決められるという〝究極の自由〟が彼らを待っているのです。

とはいえ、彼らにとっては未知の世界です。なんらかのヒントは必要だと思うので、

「なにをすべきか分からなければ、いくらでも時間を取るから相談に来るように」と伝えています。が、極端なやり方なので実際になにもできずに脱落してしまう学生はたくさんいます。

それでも都会よりはよほど、取り組むべき事柄は見つけやすいと思います。地元のおじいちゃん、おばあちゃんに声を掛けて農作業を手伝ったりと、分かりやすい選択肢があるからです。

私はよく「自由と責任は表裏一体だ」と言うのですが、インターンに参加した学生たちはその言葉の意味を身をもって体感していると思います。

もちろん事前に面接し、特に夢や目標もなく田舎でゆるく生きたいというような甘い考え方の学生はお断りしていますが、なかには舌先三寸の学生もいます。「地方創生に興味があります」と語りながらも、実際の行動が伴っていないパターンです。

もし彼らの人柄や考え方が合わないと感じた場合、私たちは早い段階で見切りをつけます。「うちで働くのは無理だから、違うところを探したほうがいいのではないか」と率直に伝え、帰ってもらいます。せっかく来てくれたのだからやりきってもらおうと中途半端に情けを掛けたところで、お互いに幸せにならないからです。

これから社会に飛び立とうとする大学生たちにとって、インターンシップは意識を入れ替える重要な期間に当たると思います。学校というレールから、いよいよ社会に出て自由に自分の意思で人生を歩む。期待に胸が膨らむと同時に、待っているだけでは何も与えられないという責任がのしかかってきます。自分は本当のところ、何がしたいのか？ 会社員として就職することがすべてではない時代、起業や放浪の旅など大学を卒業したあとの選択肢はたくさんあります。選択肢が増えると自由度は増しますが、反面、幸福度は下がるという学説もあります。むしろ選択肢がないほうが悩まないで済むということもまた事実です。学生さんたちは、このインターン期間中に大いに考え、悩み、行動することで、責任ある自由な大人へと成長していくのだと思います。

インターン生という〝金の卵〟

5年ほどインターン制度を活用してきて思うのは、最高のリクルーティングの方法だということです。

以前は私たちもマイナビやリクナビに登録し、就職フェアにブースを構えて企業説明会を実施していました。しかし、お互いに短時間で相手のことを判断しなければならないので、うまくマッチングできないという課題もありました。

一方、インターンで数週間〜数カ月一緒に過ごすとなると、お互いに相手をじっくりと見極められます。もちろん、現場の担当者は業務量が増えるために大変ではありますが、学生さんに仕事を教えたり、彼らをマネジメントすることも自身の成長につながります。採用マッチングの精度が上がることにより新人の離職率が下がれば、総合的に採用コストも減るので合理的です。

インターン制度の活用で、私たちは2018年から従来型の新卒一括採用をいっさいとりやめました。「マスな母集団（たくさんの学生）にアプローチして、いい人材を採用できる確率を高める」という戦略を捨て、エッジの効いたとがった人材に的を絞ったのです。

その極みがアウトロー採用です。キャリア解放区という特定非営利活動法人が、大学生や若者のもつ就職活動への疑問や違和感をもとに、2012年度から試験的に始めた取り組みです。「就活」という文化や制度になじまない就活アウトローのためのマイナーな就職サービスをうたっており、そこに応募する「金太郎飴になれない人たち」は私たちと親和性が高いと考えたのです。

「インターン生はまだ学生なので、スキルも経験もないし、即戦力にはならない」というのが一般的な企業の認識かもしれません。しかし、私はそれも思い込みではないかと感じています。

一度、早稲田大学の女子学生が来てくれたことがあります。彼女は自発的に、集落内で無農薬栽培をしている毛利さんのお米を産直通販サイト「食べチョク」で販売する仕事を見つけ出しました。

結果として2週間という短い期間だったこともあり1袋しか売れませんでしたが、私は可能性を感じていました。なぜあまり反響が良くなかったのか、なにをどう改善すれば認知が広まり、売上を増やすことができるのか、そういったことを試行錯誤しながらブラッシュアップしていけばさらなる結果につながると思ったのです。

持て余したエネルギーを発散する場を求めていた大学生が目黒集落を訪れるようになったことで、さまざまな化学反応が生まれています。彼らは間違いなく、コロナ禍がなければば出会えなかった人たちです。

スキルや経験がないことは弱みですが、なんの先入観にもとらわれていないという点では強みになります。インターン生は、これからの可能性を秘めた〝金の卵〟です。一連の経験が、「目黒集落を、若者たちがいろんなチャレンジをできる実験場のような場所にしたい」という思いを育んでいったのです。

実践に勝る経験はない

現在、水際のロッジの支配人を務める湯之上美紀さん(ミキティ)は、インターンの経験から当社に入社しました。横浜市出身の彼女は、2021年4月に新卒で入社し、2022年4月から水際のロッジの支配人を務めています。

彼女はAPUの学生の一人で、大学2年のとき、福山市のアンカーホテルで「ホテルでできることを企画して企画書を出す」という3週間のインターンに参加しました。

パンが大好きという理由から、彼女が企画したのが福山駅前の商店街でパン屋を巡るツアーです。自身で作成したパン屋さんマップを使いながら、ツアーコンダクターとしておすすめのパン屋を宿泊客や地元の人に案内したのです。

2週間という準備期間のなかで、彼女はパン屋に取材するところからチラシづくり、ポスティングまで（企画から集客、運営まで）すべて一人で進めていきました。

その後彼女は、4年生の秋（2019年）にフランスに留学しました。しかし、コロナ禍になったため、わずか半年間で帰国せざるを得なくなってしまったのです。そこで私は、森に来ないかと声を掛けました。当時、彼女は神奈川の実家にこもりきりで大学のオンライン授業を受けていたそうです。

場所を問わないことがオンライン授業のメリットです。「English Camp」の企画「森とパン」の店舗立ち上げのサポートを行う1カ月半のインターンに参加し、目黒まで来てくれました。そのなかで、彼女が私たちの会社に入社する決め手となったのは人でした。明確な目的意識をもって働いている人が多かったことに惹かれたそうです。

前任の支配人が体調を崩し、仕事を継続することが難しくなったことにより、入社2年目にして、私たちはミキティを水際のロッジの支配人に正式に任命しました。ここからは彼女の言葉で語ってもらいたいと思います。

――私には「30歳までにインドネシアでホテルの経営者になって、地元のホテルを再建する」という目標があります。だから、最初に支配人代理をやらないかという話を持ちかけられたとき、願ってもないチャンスだと思えたんです。支配人と一緒に行動してホテルの経営について学べるわけだから。

でも、当時はまったく事の重大さを分かっていなかった。業界経験豊富な前支配人は、リーダーシップが強く、誰もが納得するような方針を示せる人でした。そんな彼女に比べて私はなんの経験もスキルもなく、ほかのスタッフは年上の人ばかりで、私に支配人が務まるのか、不安やプレッシャーを感じていました。

最初は、立場上、みんなを引っ張らなきゃいけないと思っていましたが、あるときを境に、分からないことを質問したり、悩んでいること、迷っていることを打ち明けたりするようになりました。

スタッフ全員と1対1で個人面談したときに「私が支配人になってぶっちゃけどうですか？　そもそも私が支配人になると決まったときどう思いましたか？　不安に思うことはあって当然だし、逆に改善できるところがあったら教えてほしい」と思い切って聞いたんです。そしたら「ミキティしかいないと思ってた」と言われて、とてもうれしかった。みんな、年齢や経験で人を見ていないと分かったからです。

ホテルとして必要なサービスは、お客さんそれぞれの滞在スタイルや嗜好に寄り添うことだと思っています。コミュニケーションを取りながら、少しずつカスタマイズして宿泊客の要望に近づけていくのが理想だなと。

やっぱり、旅行って人生における大きなイベントだと思うんです。時間が経ったときに思い出すのは、日常生活というより旅行のような非日常体験。そんななかでホテルが果たす役割は、「快適な時間を過ごせた」という思い出を提供すること。お客さんがまっさきに思い出すのは、有名な観光スポットやおいしいごはんかもしれないけれど、旅行のよしあしは、〝旅行中の家〟になるホテルで過ごす時間に掛かっていると考えています。

そんな私の原点にあるのが、実家での体験です。外国人のホームステイを受け入れる機会が数回あり、ホスト側として彼らをもてなすことがとても楽しかったんです。来る前はステレオタイプ的な情報しかなかったりするけど、彼らとコミュニケーションを重ねながら、彼らが心地よく過ごせるように臨機応変に対応していく。「将来はホテルの仕事をやりたい」という思いは、その経験から芽生えたものです。

大学生になると、その夢はさらに具体的になりました。APUでできたインドネシアの友達のもとを訪ねて、3週間くらい現地に滞在していた時期があります。彼の実家ではホテルを経営していたのですが、名の通った観光地でもないことから、集客には苦戦していました。すごくすてきなホテルなのにお客さんが来ないから、スタッフもモチベーションがあがらない。見ていてもったいないな、なんとか立て直したいなと思うようになったんです。

インドネシアで有名な観光地といえば、ジャカルタかバリ。でもジャカルタに行ったときに感じたのは、東京とあまり変わらないなってことです。たくさんのビルやよく見る外資系のホテルが建ち並んでいて、都市部では国のカラーは出にくいんだなと。

一方、友達のホテルがあるボゴールという街は、首都・ジャカルタから約45㎞。車で1時間半ほどの近場にある。そこは植物園が有名なエリアなのですが、街を歩いていても植生が豊かで、東南アジアらしさが感じられたんです。その土地の原風景を感じられたという意味では、目黒集落や滑床渓谷と同じかもしれません。

自身の目標を達成するために、今はとても貴重な機会を与えてもらっていると思います。良くも悪くもホテルを維持してきたこの1年を経て、今は私だからこそできることを始めていこうという段階です。

この会社は一定の自由をもって働けるところが魅力ですし、私もそういう環境を望んで入社したのですが、いざまとめる立場に立ってみると、チームとして同じ方向に進んでいくためには一定の統一感が必要だなと気づきました。自由と統一感、そのバランスをどう取っていくかがこれからの課題だと思っています。

新卒1～2年目のスタッフが支配人を務めていることを同業の経営者に話すと、いつも驚かれます。「私にはその判断はできない」と言われたこともあります。彼らも保守的なわけではなく、むしろベンチャー気質をもった人たちなので、私たちが極端なのかもしれません。ただ、壁にぶち当たり、そこを乗り越えるためにもがくなかでこそ、人は学び、成長していくものです。将来、経営者となると決めているのなら、その経験はなによりも財産になると思います。

ひとりの人間として勝負する場所

2021年、目黒集落には髙橋和佳奈（わかな）ちゃんという休学中の女子大学生が8カ月間住んでいました。彼女は目黒集落で暮らしていた頃、「1週間以上」という条件付きで何度か友人を関東から呼び寄せていました。集落の交流人口を増やしただけでなく、「地元の人と関わることがうれしかった。目黒がすごく好きになった」という感想を抱いて帰る〝目黒ファン〟を増やしてくれたのです。

しかも彼女は目黒にいた頃、日本の文化や生活スタイルを発信しているYouTuberのHonda Kenさんの取材を受けたのですが、2022年5月に公開されたその動画は半年で36万回以上も再生されています。外国人向けのコンテンツであることもあり、彼女の暮らしを心底羨ましがる彼らのコメントが英語で500件以上も書き込まれています。

人の温かさに触れ、「目黒ラバー」になった彼女は2022年4月に大学に復学したあとも、おおむね1カ月に一度のペースで千葉から目黒を訪れています。

そんな彼女が最初、目黒にやって来たのは、インターンがきっかけではありません。彼女はもともと、2020年4月から「ピースボートの旅」で世界一周する計画を立てていました。

一度はどこかでピースボートの広告を見たことがある人も多いはずです。およそ百万円の予算で、世界を巡る100日間の船旅に出るというものです。費用が高いわりに大学生の参加者も多いのですが、その理由は運営団体の活動を無償で手伝うと旅行代金が割引されるボランティア割引という制度があるからです。

その制度の一つが「ポスター貼り」です。居酒屋や施設などにポスターを貼ってもらえれば、3枚につき1000円の割引が得られるのです。わかなちゃんはその制度を活用し、4000枚のポスターを貼ったことで、無料でピースボートに乗れる権利を手に入れた強者です。しかし、コロナ禍によりピースボートの船旅が中止になったため、彼女は暇と情熱を持て余すことになったのです。

そんなわかなちゃんが、目黒集落に来るきっかけとなったのが、東京でITベンチャー企業を経営している河原さんです。もともと自然に囲まれた場所で生まれ育った彼の胸には、原風景としての田舎が刻まれていたそうです。訪れるやいなや目黒集落を気に入った彼は築100年の古民家を借り、「居酒屋兼ゲストハウスのような場所をつくる」構想を描いていました。

しかし、平日は本業で忙しく、なかなか時間を確保できない河原さんが声を掛けたのがわかなちゃんでした。2019年、河原さんにとっては留学先、わかなちゃんにとっては一人旅の目的地であったイギリス・マンチェスターで二人は出会っていたのです。

7年以上も放置されていたその古民家は水道も使えず、家の中は物が散乱していました。わかなちゃんは、近所の人たちの力を借りながら、とりあえず住めるようにDIYをするところから始めました。トイレは使えなかったので、地元の大工さんに無償で直してもらったそうです。

縁もゆかりもない田舎にやってきて、暮らし始めた彼女は最初、なにをしたらいいか分からなかったようです。しかし、持ち前の愛嬌と行動力を発揮し、地元の人たちと密な関係を築いた結果、いつのまにか目黒のアイドルになりました。

――ただ暮らしているだけなのに、giveの精神に溢れるみんなが協力してくれる。近所に住む人たちが採れたての野菜を持ってきてくれたり、冷蔵庫やストーブ、こたつなど、家に眠っていた家電を譲ってくれたり、家の改装を手伝ってくれたり……。都会での一人暮らしに寂しさを感じていたからかもしれないけれど、都会ではあり得ないやりとりに心が救われた感じがしました。

目黒で8カ月間を過ごして東京に戻ったあと、「田舎でなにをしていたの?」と友人から聞かれたとき、いつも返答に困ります。「必死に暮らしていた」としか言えないんです。

地元のおじいちゃんから「人間はまず、自分の食べるものをこしらえることが大事なんよ。そこからお金を稼ぐことを考えるんよ」と聞いてハッとさせられたこともあります。地元の人たちは、自給自足に近い生活を通して、生きるうえで必要な知識や技術、柔軟な対応力を身につけているので、災害などの緊急時にも対応できる〝強さ〟があると思います。間違いなく、学校では学べないことを学んだし、たくさんの収穫があった。自分も成長できたという確信はあるけれど、うまく言葉にできません。

まわりにいる大学生は皆、就活の話ばかりしています。私は卒業後、目黒に移住するつもりです。移住後、どうやって生計を立てていくのか、なにをやりたいのかが定まっているわけでもないから不安はあります。でも、何度も通ううちに見えてくるんじゃないか、いざ住み始めたらどうにかなるんじゃないかという希望もあるんです。

それはやっぱり、ひとりの人間として受け入れてもらえた実感があるからでしょうね。地域の人たちは「わかなちゃんだから、皆よくしてくれるんだよ」「わかなちゃんが来たから、おばあちゃんたちも元気になったんだよ」と言ってくれますが、私は本当にここでは過保護に育てられているなって思います。

大学のクラスやサークル、アルバイト先……。都会で暮らしているときは、いろんなコミュニティに属し、いろんな価値観に触れているなかで自分が何者なのか分からなくなっていたんです。まわりと比べて自分に足りないものばかりに目が向くことも多く、ずっとどこかでモヤモヤしていました。

その点、目黒の人たちは私の大学生活も、高校までの私もまったく知らない。東京から来た「ただの女子大生」になる。属性にかかわらず、ひとりの人間として接してもらえることがすごく心地良かったんです。

もともと他の人と同じことをするのがあまり好きではないという彼女も、「By name」で生きようとしている若者の一人です。彼女には明確な目標や追求していきたいテーマがあるわけではありません。目標が定まっている生き方が良しとされる風潮もありますが、場面や状況に合わせて柔軟に変わっていける適応力は強みともいえます。

むしろそういう生き方でも暮らしていけるというロールモデルを目黒でつくることができれば、次の世代も続いていくと思います。そんな彼女がこれからどんな道を歩むのか、私たちを含めた地域の人たちは大きな期待を寄せています。

森の国＝生き方のインキュベーション施設

By nameで生きたい若者にとってロールモデルとなり得るのが、2021年に私たちの会社に入社した前川真生子さん（まいまい）です。彼女は現在、ホテル「水際のロッジ」で働くかたわら、私たちが主催する10泊11日の長期キャンプ「NAME《なめ》 CAMP」の責任者を務めています。「NAME CAMP」は全国の小学4年生から中学3年生までの男女（定員10名）を対象にしたもので、彼女は基本的にひとりでプログラムの構築から参加者／スタッフ募集、現場での統括までを担っています。

大学、大学院時代に「野外教育」を専門に学んでいた彼女は、これまでに200以上の組織キャンプや野外研修を指導・運営してきた経験の持ち主です。日本の人には馴染みがないと思いますが、アメリカやカナダでは、2～3カ月間の夏休みに子どもを長期キャンプに行かせるのが当たり前で、そのキャンプを組織するカウンセラーが職業として社会的に広く認知されています。

しかし、残念ながら今の日本では、キャンプカウンセラーという職業はありません。キャンプ自体は、公的機関が運営する青少年自然の家や一部の民間企業が提供していますが、それだけで食べていくことはできないのです。ただし、博士課程に進学し、大学の教授になれば、研究をしながら野外教育を続けられる道はある、ということで、まいまいもその選択肢を検討していたそうです。

迷った末にカナダに留学することを決めた彼女は、2019年4月から2年間留学する予定で日本を出発しました。しかし、彼女を待っていたのが、2020年の年明けに起こった新型コロナウイルス感染症の大流行です。実施が予定されていたキャンプがすべて中止になり、留学する意味を失った彼女は、帰国する決断を下したのです。

やむにやまれぬ事情で一つの道を諦めたまいまいは、気持ちの整理をつけられずにいたそうです。だからといって、博士課程に進学する覚悟も決まらず、立ち往生していたときに出合ったのが私たちの会社だったのです。彼女は面接でこう語りました。

「日本でもっと長期キャンプを広めたいんです。研究室で野外活動について学んだ私の先輩たちは大学院まで出たのに、学校や塾の先生になる人が多く、銀行など、まったく違う分野の会社に就職する人もいます。でも私はそういう選択ができなかったんです」

私の目に彼女は磨けば光る原石として映っていました。彼女の言葉やまなざしに、強い意志の力を感じたからです。

正直にいうと、私自身はまったくキャンプ事業に興味がありませんでした。しかし、自然豊かな滑床渓谷や目黒集落は、キャンプの拠点として格好の場所です。「水際のロッジ」を運営している今の私たちなら、彼女がやりたいことに挑戦する機会や環境を提供できる。そう考えた私たちは彼女の採用を決めました。

「NAME CAMP」では、さまざまな体験を用意しています。野外炊事やテント泊、キャニオニング、マウンテンバイク、一泊登山、クラフト、海や田舎での生活体験など。全体を通して「身をもって大自然に触れ、家族以外の仲間と共に力を合わせながら、危険や困難にチャレンジして乗り越える経験」ができるようにプログラムが設計されています。

まいまいが2泊3日~4泊5日程度の短期キャンプではなく、長期キャンプにこだわっているのには理由があります。長期間、集団生活を送っていると、その途中で必ず子どもどうしの衝突が起きるからです。衝突は、自分自身と向き合い、他者を理解するためのいいきっかけになります。

マウンテンバイクや登山で、「グループ全員で制限時間内にゴールしなければならない」というルールを設けているのも同じ理由です。一人でやれば難なく乗り越えられる「できる子」でも、「できない子」をフォローする必要が出てくるからです。「できる子」も最初は「できない子」を気遣うことができていても、自分も疲れてくると徐々に余裕を失っていきます。募るイライラがどこかで沸点を超え、「できない子」への攻撃として表れるのです。

短期間であれば、そういった感情も我慢して乗り切ることができてしまいます。爆発寸前になっていた子が、バスに避難して、グループのメンバーと向き合うことから逃げたり、これからグループに動きが出るというタイミングで閉会式を迎えたり……。それでは本当の意味での成長は望めません。

自然のなかでさまざまな試練を味わい、楽しい、うれしいだけでなく、怖い、苦しい、悲しい、腹が立つといった感情を経験し、心が大きく揺さぶられる。極限の体験をして、全身総毛立つこともあれば、自然と涙が溢れ出てくることもある。心と身体に刻まれるその記憶は、大人になっても新しい挑戦や冒険をするときに勇気を与えてくれる「お守り」になる、というのがまいまいの考え方であり、NAME CAMPの狙いです。

実は子どもの成長だけでなく、子どもを送り出す親の成長もこのNAME CAMPの狙いの一つに据えています。子どもたちと10泊11日の間離れて過ごす親たちにとっても、試練の場になるからです。

参加者の親とは、キャンプ前に子ども一人につき30~40分の面談を行い、普段の家や学校での様子、兄弟や親との接し方、親がキャンプに期待していることなどをヒアリングします。子どもと別れる開会式では、「皆さんの子どもは私たちがしっかり見るので、ご自身の生活を楽しんでください。心配だと思いますが、子どもがいない生活を楽しんでください」と親たちに伝えます。

だから、キャンプ期間中は（緊急時を除いて）親にいっさい連絡しないと決めています。あらかじめ親たちにはそう伝えていますが、いてもたってもいられないのか、数組の親からは「今日は雨ですね。子どもたちどうですか?」などと様子を尋ねるメールが届きます。

参加者のなかで唯一の女の子だったAちゃんのお母さんは、「1週間、家事にはなんにも手をつけられず、のぞきに行こうかと何度も思った。8日目からやっと家の掃除をすることができた」と振り返っていました。

それでもNAME CAMPに送り出すご家族は皆、理解がある人たちで、「骨2本までなら折れても大丈夫」「最悪死なきゃいい」と言う方もいらっしゃいます。NAME CAMPは、親にとっても覚悟が必要なプログラムなのです。

NAME CAMPの参加費は1回目(2021年)は15万円、内容をブラッシュアップした2回目（2022年）は25万円と強気の価格設定でしたが、それぞれ満員御礼でした。まいまいは当初、この強気な金額設定にプレッシャーを感じていたようですが、「大丈夫、責任は僕が取るから」と言って説得しました。

2023年以降は、長期キャンプにいざなうための2泊3日の短期キャンプを春、秋、冬に実施するなど、野外教育事業を拡充させていく予定です。

彼女のように自分のやりたいことを追求し、自分の力で稼げる人たちをつくりだすことが、今の私たちのビジョンです。まいまいと同じように、ホテルスタッフとして働きながら自身のデニムブランド立ち上げを目指しているのが清水裕太くんです。アパレル業界で12年のキャリアをもつ清水くんは今、目黒集落で暮らしながら、朝と休日は自然栽培の藍農家として畑作業を行っています。

私たちの理想は、自分のやりたいことを思う存分チャレンジできる環境を提供した結果、社内ベンチャーのような事業がいくつも出てくることです。会社から指示や命令はいっさい出しません。ホテルの通常業務も手伝ってもらいますが、一定の給与と生活が保証されたなかで、自分の可能性に挑んでほしいと願っています。

自立した個人が集まる〝カンパニー〟を

「company＝カンパニー」は、ラテン語の「com（共に）」と「panis（パンを食べる）」を組み合わせた「一緒にパンを食べる仲間」という意味に由来しています。どうすればスタッフのパフォーマンスを最大化できるのか、どうすれば強いカンパニーになれるのか——これは私が25歳で会社を経営し始めた頃から絶えず考え続けてきたテーマです。

人が人を教育すること自体を良しとしないのであれば、雇用者と被雇用者（従業員）の境界線を生み出す会社の仕組み自体を考え直す必要があります。

入社前は誰もがなんとか内定を勝ち取るために必死になって自分磨きや自己PRを行いますが、いったん入社の切符を勝ち取ったが最後、その情熱は下降線をたどりがちです。それはマネジメント側の問題もありますが、それほど必死にならなくても毎月固定の月給（サラリー）が入ってくる状況では、多かれ少なかれ気の緩みが出るのは人間として自然な心理です。

その甘えが次第に恒常化し、現状維持でいい、面倒なことはしたくないという思考になった人たち（もともとそういう思考をもっていた人たち）を許容してきた結果として、国際的に見た今の日本の体たらくがあるように思います。現状維持にしがみついていることと自体が、まさに既得権益化しているともいえます。もし仮に、入社当時の情熱や明日食べられなくなるかもしれないひりつき感を失わないまま働き続けられたら、会社は目覚ましい成長を遂げる可能性があります。

例えば、プロスポーツチームや外資系企業では、実力主義をベースにした単年・複数年契約制、年棒制が取られています。その世界では戦力と見なせなくなったプレイヤーとは契約を結ばないという選択が世間の共通認識になっているので、誰も批判することはありません。

しかし、ひとたびそれが日本の一般企業で行われた場合、「冷酷だ」「労働者の権利が守られていない」として、会社が一方的に悪者にされてしまう風潮が現状です。かといって、私は、全員がフリーランスや起業家になったほうがいいとは思いません。もちろん、人には向き不向きがあります。

問題なのは、実力や成果が伴っていないのに、勤続年数が増えるだけで賃金も自動的に増えていくという時代錯誤な給与体系システムがいまだに適用されていることです。そしていまだにそれが正義だと信じている人が多いこともまた事実だと思います。特に地方や田舎の自治体、企業になるほど、その傾向は顕著なようです。

右肩上がりの時代の〝当たり前〟を世の経営者が受け入れてきたことが、この「失われた30年」の元凶だと思います。だからこそ私たちは、雇われるポジション、給料をもらえるポジションに安住しないような組織づくりを考えていく必要があります。

その第一弾として、私たちは2022年9月より「水際のロッジ」の営業スタイルを変更し、宿泊客の受け入れは金土日のみ（祝日、長期休暇は別）としました。平日の来客が少ないという経営上の課題を解決するためにいろいろ考えた末、スタッフがやりたいこと、挑戦したいことに力を注げる時間を確保し、「パラレルキャリア」を進めることにしたのです。

まいまいは野外教育、清水くんは藍染め、キッチンスタッフは自社農園での農作業や食材を納めてくれている生産者とのコミュニケーションなど、「ホテル×〇〇」という形で自分なりのミッションに取り組んでいます。

ちなみに、支配人のミキティーのパラレルキャリアは「ホテル×ホテル」です。彼女の興味のど真ん中はホテルの運営にあるということで、現場に出ることが多い営業日以外は、経営目線で今後のロッジの方向性を考える時間に充てています。

ものづくり企業ならたいていR&D（＝研究開発部門）をもっていると思います。世界的に有名なものづくり企業で、研究開発費をケチっているところはありません。短期的には損失だったとしても、長期的に見れば大きな収益を生み出す源泉になるからです。

ホテル業（サービス業）の私たちにとって、インターン生やまいまいのような若者に投資することは、まさにR&Dです。入社するかどうかも分からないうえ、特別な経験もスキルもないインターン生や未知数の部分が多い若者に投資することは、費用対効果が悪いと見る向きもあるかもしれません。しかし、新しいサービスや生業を生み出すためには、創造力を磨くプロセスが欠かせないと思います。

本当に心からやりたいことなのか？

「いい大学に行って、いい会社に就職することがゴール」という典型的な幸せのロールモデルは、もはや過去の幻想の時代になりました。会社で出世して収入を増やし、タワーマンションに住んで高級車に乗る。おしゃれなレストランでグルメを愉しむ豊かな暮らし。メディアが扇動するそんな幸せのロールモデルに違和感を覚える人も増えてきている気がします。

かくいう私も、学生時代までは決められたレールに従い、あまり物事を深く考えずに、のほほんと過ごしていました。本当に心のそこからやりたいことがあるかと問われると答えられなかったと思うので、決して偉そうなことは言えません。それでも、バブルのなごりがある1990年代後半は、そんな考えで社会人になってもなんとなく通用していた時代でした。しかし、失われた平成の30年を経て世の中の価値観も随分と変わってきました。

これからの時代は、本当に自分が心からやりたいことを見つけ出し、それに集中することがより重要だと思います。

大学院と留学を経験し、モラトリアム＝大人になるための準備期間が長く、27歳で社会人になったまいまいは、社会に出るのが遅かったことを負い目に感じているようです。しかし、私たちは、自分の意志を曲げず、妥協した選択をしなかったことが彼女のすばらしいところだと思っています。

今の時代、なにも迷わずに、大学を出て何も悩むことなく、大企業や老舗企業、公務員など、両親や親戚から褒めそやされる道を選択することは、逆にリスキーかもしれません。

往々にしてそれは、「自分が本当はどう生きたいのか」という問いに向き合わずして選んだ〝意志なき選択〟だからです。

やりたいことがあるのにそれに挑むフィールドがないから、やむを得ずレールの上に乗っているという人も少なくないと思います。それはとても残念なことです。まいまいも、もし自分の意思に反して教員になったり、一般企業に勤めていたら、今頃やる気を失っていた可能性もあります。死んだ魚の目をして働く人を増やさないためにも、私たちは「意志ある若い人が挑戦できる」会社をつくらなければと思います。

たとえば当社には、「将来カフェを開きたい」という思いをもった人がよく応募してきます。ただし、何年後にどんなカフェをやりたいのか、ビジョンがあいまいで、漠然とオシャレなカフェをやりたいなぁという程度の気持ちしかない人が多いのが実情です。

もちろん一緒に働くなかで思いが定まっていく可能性もありますが、意志なきところに道は開けません。私たちはあくまでもその人が夢や目標を実現するためのサポート役なのです。

頂いた生命を最大限生ききるために、自分で自分の人生を切り拓いていくのは人間の務めだと思います。人から反対されたり、諭されたりして、何度迷いの淵に立たされても、腹をくくって自分の人生を生きることが幸せをつかむ方法だと思うのです。

自然界から学んだ「経営の指針」

20年ほど会社を経営してきて思うのは、会社が「社員教育」という名目で人間を教育し、変えられる幅などたかが知れているということです。教育という名のロボット化や兵隊化を進めたいのでもない限り、人が人に教育すること自体おこがましいとすら思います。

そもそも人間を教育で支配（コントロール）しようとする考え方の出発点が間違ってい

るのではないでしょうか？　何故なら、人間一人一人の人格はとても複雑で多様だからです。重要なのは、その人を変えようとするのではなく、いかにパフォーマンスを発揮しやすい環境を整えるかだと思います。

もっとも、自然界ではそれが当たり前です。同じ土地に農作物の種をまいても、育ちやすい品種と育ちにくい品種があります。どんなに手塩にかけて育てても、芽を出さない場合だってあります。しかし、その品種も違う土地に移せば、見違えるほどすくすく育つ可能性だってあるのです。

その土壌や気候に適した作物が人の手を借りずとも育っていくように、その職種や仕事内容、環境にうまくマッチする人は、放っておいても自分で成長していきます。教育など施さなくても、自ら嬉々として学び、習熟していきます。その人自身もハッピーだし、あれこれ指示を出さなくとも自律的に動いてくれれば経営側も組織運営がスムーズにできるようになります。

つまるところ、教育システムや報奨制度など、人をコントロールしようとすることから見直さなければならないという発想に至りました。

思い返せば、張り詰めた雰囲気のなか、やらされ感が強い仕事をやる環境に耐えかねて、多くの人が会社を去っていったのだと思います。経営者としては不徳の致すところで申し訳ない限りです。

草野球を楽しみたい人たちに、甲子園を目指す強豪校の厳しいトレーニングを課そうとしたことが間違っていたのです。

ある種の諦観ともいえる境地に私を導いてくれたのがコロナ禍でした。客足が途絶え、頑張っても頑張らなくても同じ状態に陥ったことを機に、私はKPIを廃止しました。指針を示したり、対外的に説明するために事業計画書を作ったりしますが、特に現場のスタッフにはいっさい、指示や命令を出さなくなりました。

もちろん今でも、マネージャーや経営陣が各セクションの売上目標や予算を立てるための稼働率目標を設定しています。しかし、そこに私の指示や意図はいっさい介在していません。すべて彼らが自分たちの意思で決めたものです。

結局、どれだけ主体性が大事などと語っていたとしても、社長が決めた目標がある限り、そこには多かれ少なかれコミットしなければならない義務的な要素が含まれます。それがやらされている感覚を生み、かえって主体性を奪ってしまう。そう気づいた私が行き着いたのが、放っておいても自然に育つ「自然経営」です。人が手を加えなくても完全な調和が保たれている、自然のような組織を目指したいと思うようになったのです。

その前提に立つと、どう教育するのかではなく、どういう人を選ぶかに、以前にも増して意識を注いだほうがいいという結論に至りました。その人の人間性や志、価値観、目標が私たちとマッチしているかどうかです。内発的なエネルギーが滔々と湧き出ているかどうかを見極めるほうがはるかに重要です。

同じ条件下で、同じ土壌に撒かれた種のなかにも、力強く芽吹き、太い根を張り、青々とした葉を茂らせて見事に実をつけるものがあります。一方で、そもそもの力が弱い種子は一見順調そうに成長していても、どこかで生育が止まってしまい、やがて枯れていきます。これは、人間に例えるとその人の意志や覚悟、つまり根幹に共通することだと思います。

企業人事も同様に、採用段階で答えは出ているともいえます。会社として明確な旗を立て、意志と覚悟のスクリーニングに人材と時間、労力を費やすことで、いい人材と出会うことができるのだと思います。

「理想のカンパニー」を目指して

数年前から私たちは、年間の採用計画を立てなくなりました。今年は新卒を○名採用しようといった目標そのものを放棄したのです。

目標人数を設定することで、採用そのものが目的化し、人材発掘に妥協が生じる可能性があると考えたからです。その代わり、意志と覚悟を感じる人材に出会ったときは、人数も時期も関係なく採用します。これも、なるべく人為的な計画より、自然な出会い（ご縁）を重視するスタイルの特徴です。

2018年に人事担当の執行役員として入社した栗田康二さんは、当時から「いずれは独立して人材採用のプロとしてやっていきたい」という明確な意志と覚悟がありました。独立という強い意志を持って人事にあたる栗田さんは、与えられた仕事をこなすだけの人とは、明らかに目の色が違います。たくさんのすばらしい人材を採用し、会社に大きな功績を残した彼は、2022年4月に宣言通り独立し、今では複数のクライアントを抱える経営者として活躍しています。

よく、独立されると会社としては困らないかという質問を受けます。独立できるほど活躍する人材がいなくなれば会社にとってはダメージにならないかということだと思います。

しかし、私の考えは違います。独立しても引き続き、委託契約で業務を遂行してもらうことでお互いがパートナーとして共存することを目標としているからです。

現に栗田さんの場合も、彼の会社と業務委託契約を結び、引き続き人材登用に力を発揮していただいています。

業務委託契約なので、油断するといつか切られてしまいます。これは、私たちが栗田さんを切るというだけでなく、大きく成長した栗田さんの会社に私たちがクライアントとして見合わなくなれば、いずれ切られてしまうという双方のシビアさを持ち合わせています。お互いがしっかりと成長していかなければ、その関係性のバランスが崩れるということです。

そういった緊張感をもちつつ、過度に依存しすぎない自立した仲間の集まりが、私の理想とするカンパニー（一つのパンを分かつ仲間）の姿なのです。

世の中には、「離職率が低い＝社員が定着している良い企業だ」という見方もあります。

しかし、ある程度の循環や新陳代謝が自然の基本原則であるように、企業にとっても離職が常に発生しているぐらいのほうが正常だという見方もできると思います。終身雇用の終焉が叫ばれ、これだけ転職人口が増えて人材流動性が高まりつつある昨今、離職率を過度に気にすることは得策ではないと思います。

2022年の新入社員の50％強が10年以内に会社を辞めると考えているというデータがあります。さらにそのうち二人に一人は、3年以内に辞めると思っているそうです。

そんな時代に、企業側もいつまでも骨を埋める覚悟で我が社で勤め上げてほしいと考えるのは、どう考えても無理があるように思います。

そこで、私たちは独立を積極的に支援する制度を設け、本当の意味でのカンパニーに将来仲間入りしてもらう道筋を作りました。入社面接のときに、「あなたはいつ辞める予定ですか？」と尋ねるので求職者にも驚かれます。

しかし、先述の栗田さんのロールモデルを挙げ、お互いがなるべく歩み寄ることで独立後も良好な関係性を保つことが理想ですと伝えると、たいていの方の瞳が輝きだします。

もし数年後に独立や転職を考えて入社した人が、会社からずっと勤め続けてほしいというメッセージを受け取ったら、なかなかその意志を表明しにくいと思います。そういう場合、往々にしてあるのは、ある日突然退職願が提出され、会社から慰留を求められるケースです。結果的に会社との関係性を断ち切って後味悪く退職するパターンも少なくありません。

であるなら、3年後に独立しますと堂々と宣言し、会社や周りの人たちもそれを念頭に働くことでお互いにハッピーな退職を迎えられるという発想です。会社としても、独立の支援を行い易いですし、本人も気持ちを変に包み隠すことなく業務に集中できるため、パフォーマンスが上がります。

そうなると組織内でのポジションもあまり意味をもたなくなってきます。部長というポジション、支配人というポジション。ポジション（肩書き）取りを目的化してしまうと、そのポジションにしがみつくようになる。そんな会社にだけはしたくないという私の強い思いもあります。

ある意味、真の仲間作りがカンパニーの目的であり、これこそがサステナブルな組織の形なのだと思います。

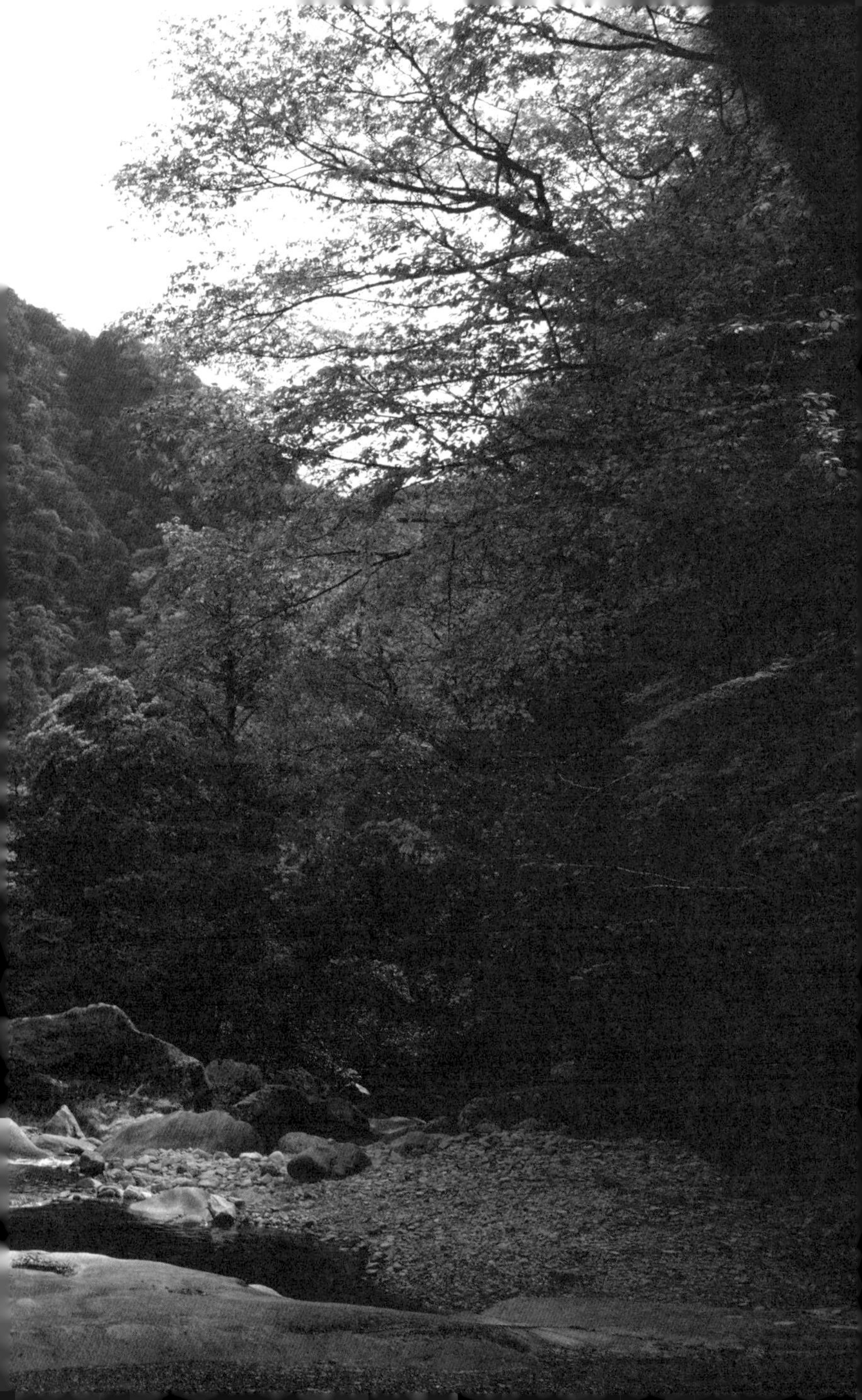

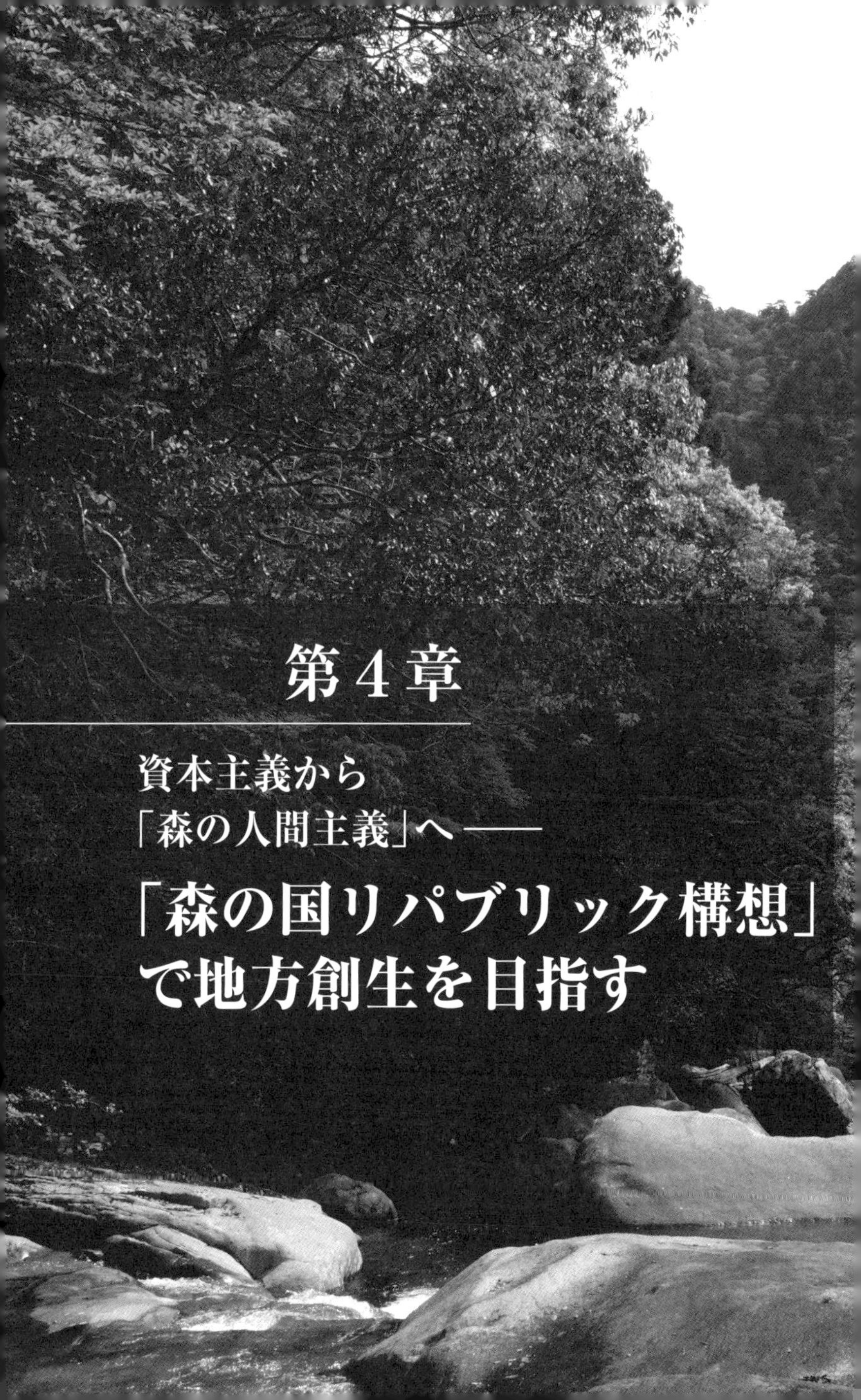

第4章

資本主義から「森の人間主義」へ――
「森の国リパブリック構想」で地方創生を目指す

Society5.0のモデル集落に

脱金太郎飴化、By nameといった指針は、私個人の価値観や嗜好だけに基づいて立てているわけではありません。世界の動向や時代の流れを踏まえた生存戦略的な意味合いも含んでいます。どんなにいいモノやサービスも、時代や社会、人々のニーズに合わないものは淘汰されていく運命にあるからです。

日本で初めて「Society 5.0」という概念が提唱されたのは2016年のことです。狩猟社会（Society 1.0）、農耕社会（Society 2.0）、工業社会（Society 3.0）、情報社会（Society 4.0）に続く、新たな社会の姿であり、日本が目指すべき未来社会の姿として政府が進めるプロジェクトの軸になっています。

Society 5.0の具体的な定義は、「サイバー空間（仮想空間）とフィジカル空間（現実空間）を高度に融合させたシステムにより、経済発展と社会的課題の解決を両立する、人間中心の社会（Society）」です。

産業革命、IT革命と呼ばれるように、Society のアップデートは人類の歴史上、大きな転換点となっています。しかも現代に近づくにつれ、時代の変化が激しくなっています。狩猟社会や農耕社会に生きた人は、生まれてから死ぬまでずっと同じ風景を見て暮らしていましたが、現代でそんな人は見当たらないと思います。現代ではたった30年前の社会すら、もはや別世界になっています。

情報化社会が生み出したのが、「リープフロッグ＝蛙飛び現象」です。その名のとおり、一足飛びに進歩、発展するという意味で使われており、アフリカなどの途上国で急速に普及してきたモバイル送金サービスがその一例です。地方部には銀行の支店やATMがなく、銀行口座を所有していない人も多かったところに、スマートフォンが行き渡ったことで、多くの人が送金、預金・引き出し、支払いといった金融サービスにアクセスできるようになりました。その結果、一気にキャッシュレス化が進んだのです。

この流れを日本の通信業界の歴史と対比してみます。初めて東京～横浜間で電信線の架設工事が始められた1869年以降、全国に電話網が張り巡らされ、1952年には電気通信省から分離独立する形で電電公社（現NTTグループ）が発足しました。家庭で使用する電話機は黒電話からボタン式のプッシュホンに変わり、今や固定電話をもたない家庭

【時代背景】
経済発展と社会的課題の解決を両立するSociety 5.0

DATA×AIといったサイバー空間と、現実世界のフィジカル空間が高度に融合されていくSociety5.0においては、人間中心の社会が求められており、人と人とのつながりを強調した、質の高い豊かな生活環境が必要である。

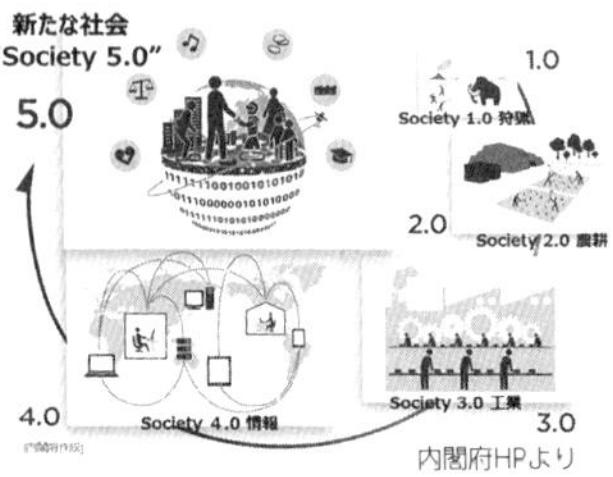

内閣府HPより

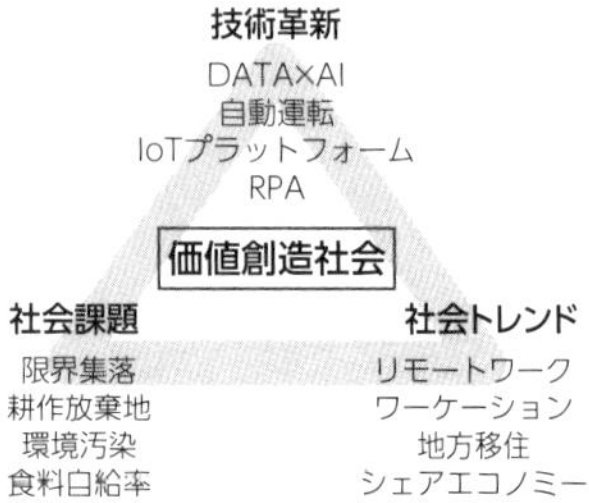

も増えています。一方、個人で使用する電話は、ショルダーバッグのような携帯電話・ショルダーフォン、ポケベルからＰＨＳ、ガラケーを経てスマホが登場しました。

日本が１５０年以上かかった通信の進歩を途上国はひとまたぎで成し遂げたのです。特筆すべきは、アフリカのようなリープフロッグ型発展国のほうが、日本のような先進国よりも有利だということです。長い歴史のなかで確立された産業や習慣、規制、利権がなく、しがらみが少ないぶん、イノベーションを進めやすいのです。日本で遅々として進まない「ハンコから電子決済への移行」や「キャッシュレスへの移行」、「マイナンバーカードの普及」などが最たる例です。

とはいえ、このリープフロッグ現象は日本の限界集落でも起こせると私は考えています。チェーンスーパーやコンビニはなく、マンションはおろか3階以上の建物もない「取り残された」限界集落は、サイバー空間とフィジカル空間の融合を実験的に導入する場所としてうってつけです。テクノロジーをうまく活用すれば一足飛びに発展できるチャンスが巡ってきたのです。

ただし、豊かな自然との調和を前提に進めることが欠かせません。まかり間違っても、都市化（便利さ）を追求する方向に進めてはなりません。そういう土俵で勝負したところで、すでにある都市に勝てるわけがないからです。持続可能なSociety5.0のモデル集落を「森の国」で創造していくことを私たちは目指しています。

伝統と革新を両立させる

持続可能なSociety5.0のモデル集落とはいったいどういうものか。一言でいうと、かつては当たり前だった循環型社会を現代版にアレンジして再構築することです。

森から切り出した木を薪にして燃料にする。田畑を耕してくれる牛や馬の糞を堆肥にして農地に撒く――。昔の人々は自然との共生を図りながら、そういった自給自足的な暮らしを続けてきました。昔の人にとって「持続可能な暮らし」はわざわざ言葉にして目指すようなものではなく、生きていくうえでの大前提だったのです。

目黒集落でそういった循環型社会を実現させていくために課題は山積みです。

まず森林についてですが、目黒集落には本来、伐採しなければならない人工林（スギ、ヒノキ）が山ほどあります。主に住宅を建てるための建材として木材の需要が旺盛だった1960年頃、日本政府は成長が早くて加工しやすいスギやヒノキを全国各地の山に植える植林政策を強化しました。しかし、外国から質の良い木材が輸入されるようになると、国産の木材は売れなくなり、人工林は放置されていきました。これは目黒集落に限らない日本の社会問題です。

人間の都合で植林されたままの放置林を自然林（天然林）に戻すことは容易ではありません。そのために特に重要なのが樹木の一部を伐採し、残った木の成長を促す間伐です。間伐により光が地表に届くようになると草や低木の発達が促され、水源涵養《かんよう》、土砂災害の防止、生物多様性の保全といった森林本来の機能を発揮させるのです。

しかし、国産木材の需要がなくなり、間伐が行われなくなったことで、目黒集落の山でも50～60年生きている老木のスギやヒノキが目立っています。二酸化炭素の吸収力は、幼木から成木へと生長していく過程で最も高まり、老木になるにつれて衰えていきます。森を維持するためには木材として伐採し、広葉樹などの多様な樹木の成長を促し、自然に循環するサイクルに戻すことが必要です。

多様な植物がある場所には、多様な動物や微生物が集まります。そして、生物多様性は豊かな土壌を作ります。その豊かな土壌に流れ込んだ雨水が、渓谷を流れ、川から集落の水田へと流れ込みます。超軟水といわれる目黒川の澄んだ水は、無農薬、無肥料の自然農法を実践するのにとても適しているのです。

目下、Society5.0のモデル集落をつくるための具体的な取り組みとして進めているのが、自動草刈り機の導入と開発です。

農業者にとって、最も大きな作業負担となるのが圃場の草刈りです。特に雑草が伸びる勢いを増す夏場はその負担が倍増します。私も夏場になると頻繁に草刈り機で除草をしますが、炎天下での長時間の草刈り作業は、想像以上の重労働です。

そこで地元の農家が梅を栽培している農地を使って、実験的に自動草刈り機を導入することにしました。自動掃除機ルンバのようなロボット型草刈り機（自律走行無人草刈り機）で、あらかじめ農地の境界にワイヤーを設置しておけば、そのエリア内に生えている草を自動で刈ってくれるのです。

この機械は非常に優秀で、敷地内に充電ステーションを設置することで、バッテリー残量が少なくなれば自動でステーションに戻ります。そして充電が完了次第、草刈り作業を再開します。

操作はスマートフォンのアプリから行えます。草刈りのスケジュールを事前に登録しておけば、所定の時間に稼働しますし、作業の履歴もアプリ内で確認できます。ＩｏＴを活用したスマート農業の一つです。農業のように、身体を使う原始的な作業が多い仕事こそ、ＩｏＴの技術で一気に進化させられるポテンシャルが高いと感じています。

課題先進地から未来をつくる

わざわざ消滅寸前の限界集落に一家で移住した私は、「どんな理由で移住を決断されたんですか？」と不思議そうに聞かれることがよくあります。

日本はＯＥＣＤ加盟国で１９９０年代以降、最も賃金上昇率が停滞している国の一つです。加えて、国連の定める国民の幸福度ランキングでは、下位グループの常連国となりました。コロナ禍を経て、大きく経済成長している先進国のなかで、明らかに日本は取り残され、停滞しています。

そんな沈みゆく国、ニッポンのなかで私が唯一明るい展望を見出せると思うのが、時代に取り残された消滅寸前の限界集落だったのです。

将来のことを考えると、米国やシンガポールなどの海外に〝避難移住〟するか、日本復興の切り札として限界集落をよみがえらせるか、その二択しかなかったのです。

ほとんどの地方自治体が「消滅自治体」へと転がり落ちている今、限界集落は課題先進地です。松野町や目黒集落は日本の課題先進地として最先端をひた走っています。かつて財政破綻した夕張市がコンパクトシティを推し進め、他自治体のモデルケースとなっていますが、目黒集落も他が手本とするような持続可能なSociety5.0のモデル集落になれると私は信じています。

限界集落ほど危機的ではないかもしれませんが、過疎に悩まされる全国どの自治体も国からの補助金などに依存し、その場しのぎの延命措置を取っているだけで、向き合わざるを得ない現実は同じです。見て見ぬ振りをせず、地方も民間企業と同様に淘汰が進んでいることを直視したほうがいいと思うのです。一方で私は、自己崩壊を加速させる「加速主義」の成れの果てに、新たな希望が芽生えてくることを期待しています。

社会学者の宮台真司さんもこう言っています。

「例えば再配分や平等を推し進めるといったことによって悪しきものが覆い隠され、残ってしまう。だから徹底的に潰さなければ革命はできないよ、という思想だ。日本の場合、制度を変えたところで既得権益があるし、人間が劣化した状態にある以上、なにも変わらない。だから沈みかけた船の座席争いをする。だったら、船ごと沈んじゃえばいい」

身を切る改革という言葉があります。私自身がビジネスホテルを運営していた頃に体感したのは、痛みを伴わずに物事を変えていくのはきれいごとだということです。その点、松野町では新陳代謝を拒む人たちが自滅していました。今の坂本町長は「良きに計らえ」という感じで私たちの取り組みも応援してくれています。事を進めやすいこのチャンスを逃すわけにはいかないのです。

昭和のやり方は通用しない

私の出身地である岡山県井原市は、かつてデニムジーンズの名産地でした。父の会社もデニム製造、販売でシェアを全国区に拡大していた時期もあります。しかし、私が25歳で地元に戻ったとき、父の会社はすでに経営破綻していたため、ゾンビのように生き残った原反加工の関連会社を引き継いだのです。

繊維業界は、紡績、染色、織布、加工、縫製などの分業で成り立っています。斜陽産業といわれる繊維業界で、その一部（加工）を担っていたこの会社を生かさず殺さずで続けていくのか、畳んでしまうのか、私はとても悩みました。需要が停滞しているとはいえ、分業で成り立っている以上、私が会社を閉めることは、他の製造工程を担う他社も巻き込み、共倒れの憂き目に遭ってしまうからです。右肩上がりの時代なら「共存共栄」という夢を見られた業界は、需要減退の局面に転じ、価格競争の波にのまれ始めた途端、身動きの取れないがんじがらめな業界に変わっていました。

それでも私は、断腸の思いで会社を閉鎖すると決断しました。ともに分業を担ってきた同業者からはずいぶん非難されました。私の会社を引き取ってくれる方が現れ、従業員の雇用と事業を存続させられたのは幸いでした。

それから20数年経った今、私の故郷のデニム産業は変わらず苦しい状況に置かれていま す。一人抜けしたような形で迷惑を掛けたことは今でも申し訳なく感じていますが、未来を見出せなかったがゆえの決断は間違っていなかったと思います。

コロナ禍が落ち着いたことにより、2022年10月には水際対策が緩和され、1日あたり5万人としてきた入国者数の上限を撤廃すると同時に外国人の個人旅行も解禁されました。急速に進んだ円安も手伝って、インバウンドブームの再来が見込まれています。確かに今後5~10年、観光業は成長産業かもしれません。しかし、資本主義の論理に則っている限り、競争に勝ち抜けても、また別の競争が待っています。コンビニやドラッグストアと同じで、飽和状態を迎えた市場で生き残っていくには、不毛な出店競争や価格競争に陥るのは目に見えています。

どんなビジネスにも、草創期から成長期、成熟期を経て衰退期をたどる宿命がありま す。価格破壊を志向する流通革命により一時は隆盛を極めた小売・流通業界の王者ダイエーの凋落ぶりは、ご存じのとおりです。その大きな流れに逆らおうとすること自体、人間の奢りだという感覚を私はコロナ禍に教わりました。

祇園精舎の鐘の声、諸行無常の響きあり。娑羅双樹の花の色、盛者必衰の理をあらはす。おごれる人も久しからず、唯春の夜の夢のごとし。たけき者も遂にはほろびぬ、偏に風の前の塵に同じ。

この有名な平家物語の冒頭の一節が物語っているように、「この世のすべての現象は絶えず変化する、どんなに勢いが盛んな者も必ず衰える」というのは物事の道理なのだと思います。運良く昭和の右肩上がりの時代に成功したモデルを、令和の時代に適用しようとしている時点で自ら死地に赴いているようなものです。私たちは時代に適した新しいモデルをつくり出す必要性に迫られているのだと感じています。

行き過ぎた資本主義に歯止めをかける

振り返れば、中小零細企業であるにもかかわらず、大企業と同じ戦い方をしようとしていたことが私の根本的な過ちでした。だから、目黒のベーカリー「森とパン」も、売り切れてしまって、残念がるお客さんがどれだけいても、むやみに規模は拡大しません。適正販売量を見極め、蓋(Cap)をすることが、持続可能な資本主義(Capitalism)の姿だと考えているからです。ちやほやされたり、ブームを実力だと勘違いしたりして色気を出すと、あとで痛い目を見てしまいます。

その考え方の原点には、「なぜ父の会社は儲かっていたのに潰れたのだろう?」という問いがあります。バブル景気に躍らされた、というのが分かりやすい答えですが、要は外部環境に翻弄されたということです。タピオカがブームになればタピオカ店が急増し、ポップコーンが流行すれば、あちこちでポップコーンが店頭に並ぶ。そしてブームが過ぎれば、一瞬でそれらがなくなってしまうのも本質的には同じことだと思います。

限界集落をよみがえらせ、持続可能なSociety5.0のモデル集落をつくり出していく私たちの取り組みは、一つの革命だと思っています。

これまで正解だと思われているやり方をなぞるだけではいずれ立ち行かなくなる。刻一刻と変わりゆく時代にキャッチアップしていくためになにをすべきか？　そう自問したときに出てきた答えが、革命的な取り組みをすることだったのです。革命がしたいのではなく、必要だから革命をするのです。

私は今、勝ち続けなければいけない、マネー経済で成長し続けなければいけないという前提を疑う必要があると考えています。規模拡大、売上や収益の増加＝発展という定義そのものを書き換えなければならないときが来ていると思うのです。

そう考えたとき、私は人と人の付き合いが残った限界集落に大きな可能性を感じます。なんでもかんでも数値化してコントロールしようとするビジネスの論理ではなく、例えば、近所の人が食べ物を持ってきてくれて「ありがとう」と言う。そんなささいな日常のありがたみや幸福感など、目に見えないものを価値とする世界が、これからのメインストリームになっていく気がするのです。

とはいえ、世界を動かしている資本主義というシステムが変わらない限り、その前提を抜きにして生きることはできません。資本主義の代替手段はないものか、資本主義の欠陥を補う手段はないものか……。その問いに答える糸口が、社会の血液となっている通貨だと私は気づいたのです。

基本的に人間の損得勘定によって動いている貨幣経済に、私は新しい価値観を持ち込みたいのです。具体的に検討しているのが、特定の地域やコミュニティ内で使える新しい通貨の導入です。誰かに感謝の気持ちを示すギフトという側面をもった通貨を導入し、コミュニケーションや恩返しを促進させることで、人と人のつながりを深めたいと考えています。もちろん、すべてそれに置き換えることは理想論なので、既存のシステムとうまく共存できる道を探していきます。

「コンビニのない田舎」を守るために

私が循環型社会を実現したい背景には、世界が向かっていく未来に対する危機感があります。

世界では人口が爆発的に増加し、2050年代には100億人を超えるといわれていること。日本の食料自給率は30%台で多くの食材を輸入に依存していること。日本の農業者は高齢化（平均年齢65歳以上）し、後継者不足に悩まされていること……。そういった現状を踏まえると、食糧危機は現実に起こるリスクとして見据えなければならないと思います。

仮に食糧不足に陥ったとして、生き残れるのはどんな人たちでしょうか。おしゃれやグルメ、仕事のやりがいなど、精神的な満足を追い求める余裕などいっさいなくなります。そうなったとき、いちばん強い武器となるのは自給自足のスキルです。最低限、食べるものと寝るところがあれば人は生きていけます。生きるセーフティネットとしての衣食住を確保できる暮らしもあると知っていれば、身体や心を病んでまで都会での仕事や生活に執着する必要はないと思うのです。

田舎から人が離れていく最大の要因となる「仕事がない」問題は、昔でいうところの兼業農家のスタイルを現代版にアレンジすればいいと考えています。一時期、「半農半X」という言葉が流行りましたが、リモートワークで仕事をするなり、自分で宿やカフェを運営するなり、ツアーガイドをするなり、方法はいろいろあります。目指すは、デジタルツールも駆使する近代版百姓です。

メルカリに代表されるように、現代はCtoCの取引が一般的になっています。無農薬で栽培した米の米ぬかが1kgあたり2000円で売られたりしていますが、わが家には常に数十キロの米ぬかが備蓄してあることを考えると、これもちょっとした資産になります。

ほかにも、七夕や門松の季節には竹や笹が飛ぶように売れる状況と、わが家の隣の竹藪を見ると、いくらでもキャッシュは稼げそうです。以前は1銭にもならなかったものが価値を生んでいるのです。

例えば、水際のロッジに宿泊したお客さん向けに半日農家体験を実施していますが、4人家族で料金1万円なので、毎週土日に受け入れれば、それだけで月間8万円（年間約100万円）の収入になります。普段、都会で暮らしている方にとって畑に触れる機会は新鮮なようで評判も良く、私はさらなる可能性を感じています。

また、都会と比べると田舎は生活コストが極端に減ります。私が家族4人で暮らしている一軒家も家賃は2万円／月です。自給自足で、お米と野菜は自家栽培やご近所さんのお裾分けがあるので、食費も極端に下がります。一人暮らしなら月15万円あれば、十分に生活できます。貯めたお金で、年に一度、海外旅行に行くことも夢ではありません。

具体例を挙げてみます。私は2022年、3反（約3000平米・約900坪）の水田で無農薬・無肥料のお米を栽培しました。私たち家族4人分のお米は、1反の田んぼで十分まかなえます。残りの2反分は都市部で暮らすオーガニック愛好家のご家族にサブスクで販売すれば、定期的に一定の収入を得られます。ここにもマネタイズ（収益化）の可能性が眠っています。

ここで重要なことは、単にお米の味や安全・安心だけでなく、私たちの想いや哲学も含めてファンになっていただけるお客さんと関係を結ぶことです。ひいてはこの地域のファンになり、あたかも自分の故郷、田舎のように遊びに来てもらえれば、本当の意味での関係人口になると思います。

私たちは今、目黒集落への移住者や関係人口を増やすためにさまざまな取り組みを進めていますが、スクリーニングをかけるという点では、当社の人材採用と同じ考えです。

例えば、私たちが手配した田畑や住まい（空き家）を利用して移住する場合は、〝在留審査〟のようなものを設けるつもりです。具体的にいうと、1カ月間ほど試しに移住することで、本当に自然の中で暮らしていけるのか、集落の人たちとうまくやっていけるのかを（お互いに）見極める期間を設けるのです。結果として、こちらから「申し訳ないですが、あなた（たち）はここには合わないのでお引き取りください」とお伝えするケースも出てくると思います。

厳しいようですが、移住すると決まって家と田畑を借りたにもかかわらず、大変だからと短期間で放り出されると、地主をはじめとした集落の人たちに迷惑を掛けてしまうからです。

都市部でマンションに引っ越すような気軽な感覚で田舎に移住すると、ご近所付き合いを大切にする共同体意識の強い環境で過ごすことに、遅かれ早かれ自分が苦しくなると思います。

私もたくさんの人にこの目黒集落のすばらしさを知ってもらいたいという想いがある一方、無制限に多くの人が来ることを望んでいるわけではありません。270人の集落なので、せいぜい500人くらいまでの規模感でキャップをすることが大切だと思います。イメージとしては、コンビニエンスストアが出店しない規模感です。

現在の資本主義は人間が意識的にコントロールしない限り、どこまでも拡大を許容するシステムです。日本のある過疎地域では、年間来場者数50万人という数値目標を掲げて集客に力を入れている会社もあると聞きましたが、その戦略を採ると結局は都市化へと向かい、最後は同じ轍を踏むだけだと思います。

だから私たちは、交流人口も1日50人で十分だと考えています。「地域内にコンビニをつくらないこと」は、一定の規模にとどめておくための分かりやすい指標なのです。

ゼロリスクなんてあり得ない

なぜ日本社会は金太郎飴化してしまったのか？　その問いの答えの一つは、極端なゼロリスクを求める現代の日本社会の風潮にある気がしています。

2019年、アニメ制作会社に男が侵入し、ガソリンをまいて放火したことで36人が死亡した事件（京都アニメーション放火殺人事件）が起こったあと、携行缶でガソリンを買いにくくするために、国は「購入時に使用目的を書いて身分証を提示する」という規制を設けました。しかし、使用目的を偽って記入した人が新たな事件を起こしています。いくら規制を厳しくしても、悪意のある人間は新たな抜け道を探し出して悪行を重ねるので、結局、真面目に生きている人が割を食うだけです。

例えば、その一例がドローンに対する規制です。予測不可能な事件が起こるかもしれないということで、2022年6月20日からドローンの登録が義務化されました（機体登録制度）。基本的に100g以上のドローンすべてが対象となります。これにより、登録されていない100g以上のラジコンを含む無人航空機は飛ばすことすらできなくなりました。

一方、遠く離れたアフリカのルワンダでは、2016年より、アメリカのスタートアップ企業Zipline（ジップライン）がドローンにより輸血用の血液製剤を輸送する医療サービスを展開しています。ニュースサイトのCnet JAPANの記事によれば、最速130㎞の速度で飛行するドローンにより、従来は2時間かかっていた病院への配送時間を15分に短縮したというのですから、まさにイノベーションです。ルワンダの農村部では、道路の舗装が追いついていないという社会状況も手伝ったと考えられますが、日本はすでに2歩も3

歩も後れを取っています。

規制によって事故は減らせたとしても、同時にイノベーションが生まれにくくなるという弊害が起きます。事業もそうですが、リスクを取らずして、新たな価値（イノベーション）を生み出すことはできません。

そもそも、この世にリスクのないことなどないはずです。外に出て道を歩けば、自動車にはねられるリスクがあります。飛行機に乗れば墜落するリスクがあります。生牡蠣を食べれば食あたりになるリスクがあります。山を登れば滑って怪我をするリスクがあります。挙げればキリがないほど、私たちは常にリスクと隣り合わせで生きています。

現代はメディアや商業主義によってリスクが過大に報じられ、安心安全志向が新たなビジネスとして支持される傾向が強いと感じます。その代償として、私たちは本来の自由や楽しみを失ってしまい、結果的に息苦しくつまらない社会を作り上げてしまったのではないでしょうか？

そんな日本の性格は、国家や社会、地域だけでなく、個人レベルにまで浸透している気がします。

「水際のロッジ」には、自然を好む多くの家族連れが訪れます。自然が人間を開放的にするのか、幼い子どもたちが目を輝かせながら無邪気に遊ぶ姿をよく見かけます。子どもたちが好きな遊びナンバーワンともいえるのが、川辺での石投げです。岸辺にあるさまざまな大きさや形の石を川に投げ込んで、水しぶきがあがる様子にはしゃいだり、好奇心に満ちたまなざしで水面を飛び跳ねていく石の軌跡を追ったり……。そのほほえましい光景を見ていると、いつも胸がほっこりします。

しかし、突然、「やめなさい！」「危ないでしょ！」という叫び声が森に響き渡ります。声の主はお母さんです。するとなにも悪いことをしていないのに、子どもたちは責められたような気になり、シュンとした様子で川辺を立ち去ってしまいます。

人に向かって投げているわけではないですし、周りには壊れるようなモノもありません。冷静に考えれば、その状況で石を投げるのが危険ではないことは分かると思います。にもかかわらず、脊髄反射的に子どもを制止する親の言動には首を傾げざるを得ません。ゼロリスクを求める日本の〝病巣〟がこんなところにまで広がっている気がします。

そう思うのは私が経営者だからかもしれませんが、私の強みは、倒産という最悪の事態に直面するリアルを身をもって知ったことだと思います。もし私も倒産とは縁のない順風な経営者人生を送っていたら、必要以上に倒産などのリスクを恐れて保守的な手立てばかり打っていたかもしれません。人は余裕があれば、いろんな保険を用意したり、たらればを考えて、リスク回避をしようとするものだと思います。私自身は、借金を返すしかない＝前に進むしかない背水の陣の状況が長く続いたからこそ、リスク耐性ができたのだと思います。

今になってみれば、自己破産という方法も一つだったと思います。「自己破産は生き恥をさらすのと同然」という価値観で生きていた両親にとって、その選択肢は考えられなかったみたいですが、どれだけ借金で苦しめられたとしても自己破産というジョーカーが私には残されている、他人の目を気にする必要なんてないし、裸一貫になったとしてもそこから再出発すればいい、と開き直ることだってできます。

お金をいくら稼いでも永遠に不安は消えないと思います。お金をもてばもつほど、それを食い物にしようとする人が群がり、その財産を守ることが人生の目的になりかねません。相続について親族との間で揉め事に発展することも考えられます。そういう意味では「持っていない」ことは自由であり、むしろ強みにもなります。

過去や未来に執着してしまうのが人間の性です。野うさぎは自分が食べようとしていた木の実を鳥に奪われたとしても、恨んだり訴訟したりはしません。生き延びるために次の餌を必死で探し求めるだけです。でも人間は、時にその恨みを晴らすことに全精力を注いだりします。

そういう意味では、人間も動物に学ぶことはあると思います。私自身も期待（とその対になる諦め）は湧いてきますし、彼らのように「今を生きる」ことは簡単ではありません。ただすべてを思いどおりにしようとするのではなく、手に負えないこと、予期せぬことが起こり得ると

不耕起栽培の田んぼ。黄金色の稲穂が豊かな実りを教えてくれます。

鴨農法の田んぼ。見事に雑草が生えていません。

自然農法の田んぼ。雑草が目立ちます。雑草がコンバインに詰まってしまって、刈り取りも大変でした。

想定しておく姿勢が、目まぐるしく変化を遂げる今の時代には求められているように思うのです。

「一粒万倍」の実り

土壌を耕さない不耕起栽培は今、全世界で注目されています。人類の歴史において長く続いてきた農耕時代、人類は身体を使って田畑を耕す作業を繰り返してきました。耕す(cultivate)が文化(Culture)の語源になっているほど、人間にとって重要な営みでした。

かつての人類にとって「耕す」作

業は、鍬《くわ》や鋤《すき》で、地表面を数センチメートル掘り起こすことを意味していました。

一寸一斗という言葉があります。頑張って一寸（約3センチメートル）深く掘れば、一斗（約18リットル）たくさんの米を収穫できる。そういった考えのもと、コツコツ掘り起こす作業を〝精農＝熱心に働く農民〟の理想の姿に重ねていました。

もっとも、人力で耕すことは大変な重労働です。どんなに頑張っても10センチメートル以上掘り返すことはできないと思います。

ところが戦後の工業化により、トラクターが開発されてからは、パワフルなエンジンと鋭い爪で地中をより深く掘り起こすようになりました。「深く掘ればより良い土壌になる」という言い伝えが一人歩きし、土壌を15センチメートル以上掘り返すことが当たり前になったのです。

その場合、自然界では通常空気に触れることのない嫌気性細菌が地表に剥き出しとなり、さまざまな化学反応を起こします。例えば自然界では起こらない害虫の大量発生が起こり、農薬の散布が必要になります。あるいは、土壌本来の栄養分が損なわれ、化成肥料を与えることが必要になります。まさに土壌で起こる環境破壊です。

つまり不耕起栽培は、戦後の慣行農法で半世紀にわたり劣化し続けた土壌をRe-generate（蘇生）させる農法なのです。土壌の蘇生には数年の月日を要しますが、土壌が備えているポテンシャルをうまく発揮させれば、農薬も化成肥料を使わなくとも、慣行農法に勝る収穫量を得られます。

昨今、原材料の大半を輸入に頼っている化成肥料の高騰で、従来の慣行農法はますますコスト高に悩まされています。一方で、化学物質を使わないサステナブルな農法として、不耕起栽培はますます拡大していくと思います。土壌がもつ本来の力でたくさんのお米が育つ、まさに一粒万倍の実力を体感しています。

そんな自然の性質を知ったとき、人の教育も同じであることに気づかされました。「人間は余裕ができると、よけいなことをし始める」と誰かが言っていましたが、子どもを塾に通わせたり、必要のない保険に加入したりと、余裕ができたことで余裕を失ってしまうというパラドックスが生じます。

それは経営にも通じることです。例えば業務マニュアルを作成し、それに従うようにスタッフを教育すると、彼らはやがて自分で考える力や臨機応変に対処する力を失い、機械的に仕事をするようになります。人事評価の方法として360度評価（上司や同僚、部下などさまざまな立場の人物が、評価対象者を多角的に評価する制度）を導入しても、スタッフどうしの忖度が当たり前になり、本音を言い合う有機的な関係は望めません。

そういった「よけいなこと」をせずに、スタッフ一人ひとりの主体性や個性を発揮させるために放っておくこと、放っておける環境を整えることが経営者の仕事だと思います。成果を急いではいけません。ビジョンや志をもっている人たちが独り立ちするまでにも土壌の蘇生と同じ7年ほどの歳月が必要だと考えています。その間待てるかどうかに、経営者としての力量が問われているのだと思います。

「自分で自分の人生をつくっていく」ことは自由ですが、それには責任を伴います。自由を選んだことに伴う結果も自分で引き受ける必要があります。イノベーションの余白に溢れた限界集落は、いわば〝生き方ラボ〟だと思います。

「正解」は誰かが用意してくれるものではありません。私はこの目黒集落を「自分の人生を自分でデザインしていく人たち」が集まるモデル地域にしたいですし、その生き方に共感する人が集まってくる展開をつくりたいと思っています。

「コントロールできる」という前提を疑う

私は今、本業のかたわら稲作をしていますが、雨が降ったときは一緒に無農薬栽培に取り組んでいる仲間と「今日は田んぼ仕事ができないね」と諦めて昼間から酒を飲んだりすることもあります。現代において「晴耕雨読」は悠々自適の田舎暮らしを指す言葉として使われていますが、本来、自然に逆らわない生き方を端的に表したものです。

雨が降って仕事にならないからといって、天に向かって文句を言ったり、悪態をついたりしたところで仕方がありません。今日までに◯◯kgの米を収穫する、という売上ノルマ的な発想は本来馴染みません。

紀元前2700年頃に栄えたメソポタミアのシュメール文明は、一種の気候変動に伴う乾燥化が起こり、灌漑のための大規模な土木工事が必要となったことで、特定の地域に人を集め、組織化された社会をつくり出しました。しかし、灌漑農業が続けられ、灌漑用水に含まれる塩類が次第に土壌に蓄積したことと、都市化に伴う森林の伐採もあり、土壌の侵食が進んだこと、主にその2つが要因となり大麦の収穫量が大幅に低下し、シュメール帝国はやがて崩壊しました。

インダス文明やイースター島の文明も、滅びたのには固有の事情がありますが、根本的にはどれも同じです。密集し過ぎた人口を維持するために、あるいはより繁栄させるために、土地を耕し過ぎたのです。それが自然環境に負荷を与えたことでなんらかの形で犠牲を生み出し、やがて臨界点を迎えた結果としてバランスが崩れ、自分たちの首を絞めてしまったのです。

その過去と今を重ね合わせながら、私はじわじわと臨界点に向かって進んでいく動きが地球規模で起こっているのではないか、という危機感や恐怖を抱かずにはいられません。メソポタミア、インダスは被害が局地的でしたが、物流網の進化により、自然からの過剰な収奪が全世界に広がっている今、まるでドミノのように、一カ所に生じた綻びがすべてに連鎖していくような気がするのです。

知らないうちに地球がどんどん蝕まれている状況が分かりやすく目に見える形として表

れたのが、気候変動だと思います。

こういった私の考え方について、ピンとくる人もいれば、ピンとこない人もいると思います。実際、私自身、都会にいる頃はそんなことは考えもせず、ひたすら経済成長を追いかけていました。しかしコロナ禍によって足止めを食い、森に入ったり、土に触れたりすることで、その感度が高まっていったのだと思います。

それは私個人の感性の問題ではなく、昔の人たちが多かれ少なかれもっていた感覚なのだと思います。例えば、近所のおじいちゃんが空を見上げて「もうすぐ雨降るよ」としかも結構たくさん降るよ」と知らせてくれることがあります。知らせてくれることがあります。この天気予報（予測？）が実によく当たります。気象庁の予報などよりよほど精度が高いのです。

それらの感覚は先天的にもっているというよりは、後天的に身につけたものだと思います。天候の変化は農作業の予定にも影響するので、何十年も常にアンテナを立て続けてきた結果、習得した感覚だと想像します。ある種第六感とも呼べる感覚は、近代になって暮らしが便利になり、自然から離れれば離れるほど、退化してきたような気がします。

元来、自然は人間の手でどうこうできるものではないアンコントローラブル（操縦できない）な存在です。そのことを忘れ、テクノロジーで掌握しようとする思想そのものが危険だと思います。

そう考えると、滑床渓谷の石碑に刻まれた、この森にあそび、この森に学びて、あめつちの心に近づかむ、という言葉が改めて胸によみがえってきます。この言葉を遺した岡倉太郎さんも、自然の偉大さを肌感覚で分かっていたのだと思います。

「あめつちの心に近づく」という言葉には、現代社会によって植え付けられた理屈や常識ではなく、人間に本来備わっているはずの自然の感覚を呼び覚ますことの必要性が、強い思いとして込められている気がしてなりません。

バーチャルでは得られないリアルな手応えを

もちろん、ひたすら数字を追いかけていた自分自身の過去や、そういった価値観の人たちを否定するつもりはありません。車やインターネット、コンビニ、整った生活インフラなど、私が今、享受できている文明の数々は、日本や世界が経済成長を求めてきたおかげで手に入れられたものだからです。

仮にコロナ禍がなければ、私はそのまま成長を追い求めて突き進んでいたはずです。会社がぐんぐん成長していく高揚感は、どこかRPGゲームでレベルアップしているような感覚にも重なりました。四六時中パソコンに向かっている生活に違和感があったわけでもないし、嫌気が差していたわけでもありません。宿泊客がくれるレビュー（☆の数）やコメントが、ホテルへの愛情を測る指標であり、宿泊客とのつながりを感じられるツールだったのです。

ならば、今の生活とはなにが違うのか？　決定的なのは、一つひとつの行為に身体性が伴っているか否かだと思います。二次元の画面を10時間くらい見続けていた1日と、青空の下で5～6時間農作業をした1日はまったく違います。もちろん肉体的な疲労感は大きいのですが、どちらかというと心地よいもので、心身一如、つまり心と身体はつながっていることを感じさせられます。生きている実感を得られている幸福感があるのです。

人間関係も同様です。同じ「ありがとう」をもらうのでも、口コミサイトを通じたものか、直に言われるかによって感覚は別物になります。

私がよくお世話になっているシゲさんという人がいます。生まれてこのかた目黒で暮らしてきた人で、現在70代の元大工さんです。家は近所なのですが、私が移住した当初はほとんど挨拶も交わさない状態でした。のちのち聞いてみると、シゲさんも突如として集落に移住してきた私の存在をいぶかしく思い、距離を取っていたそうです。

そんなある日、自宅の裏に納屋を作りたいと思い切って相談したところ、シゲさんは快諾してくれました。私は見習いのような形で手伝いながら、2人で大工仕事に汗を流す日々が始まりました。鉋（かんな）の使い方やのこぎりの切り方はさすがキャリア50年のプロという腕前で、素直に「すごいですね」と言っていたら、出会った当初は堅かったシゲさんの表情がだんだんと和らいでいったのです。

おそらくシゲさんにとっては、自分の技術を活かす場を得られたことで存在価値を感じる機会になったのだと思います。「ワシは引退した身やから。めんどくさいわ」と言いながらも手伝ってくれるツンデレシゲさんのしわくちゃの笑顔を見ながら、私はコミュニティが息を吹き返している実感を得て心が温まります。

親しくなってから聞いてみると、コロナ前までは年寄りどうしの妬み、嫉みが横行し、コミュニティ内での人間関係はかなりギスギスしていたそうです。しかし、私たちを含めた若い世代が集落に現れたことで雪解けが起こりました。「ずっと仲悪かったあの2人が、何年かぶりに一緒に飲んでいる」と聞くこともあります。わかなちゃんやまいまいなど、集落に出入りするようになった若い人たちに刺激され、眠っていた細胞がふたたび活動を始めたのかもしれません。

年代とともに循環していく〝良い森の条件〟は、植物種が多様で、樹木の世代バラエティ（幼木、若木、成木）が多様化して混在することだといわれています。これは、価値観や生き方が多様で、多世代（じいちゃん、ばあちゃんから赤ちゃんまで）が共存している〝良い人間社会の条件〟にも合致しているように思います。

限界集落のリジェネレート（蘇生）には、リアルな手触りや血の通ったやりとりが伴います。地域の人々の表情が穏やかになり、笑い声が増え、皆が積極的に外に出るようになる。シンプルだけれども大きな変化は、画面のなかで街を創り上げるシミュレーションゲームでは絶対に得られない達成感や充実感を与えてくれるのです。

失われた「愛」を取り戻す

ここ数十年の間に、私たちの暮らしは見違えるほど豊かになりました。ショッピングモールならずとも、スーパーマーケットやドラッグストアに行けば、生活に必要なものはほとんど手に入ります。ネットショッピングが浸透し、自宅に誰もいないときにも受け取れる宅配ボックスやAmazonの宅配ロッカーも生まれ、誰とも顔を合わせなくてもモノが買えるようになりました。

その結果、人々はモノの背景に対する興味を失いました。誰が、どこで、どのようにつくっているのか、そこにはどんな苦労や喜びがあるのか、といったことを考えずにモノを消費するようになりました。そういうモノに愛着をもてるはずがありません。

生産者もそれは同じです。自分がつくったものを誰がどこで食べて（使って）いるかも分からない。流通業者や卸売業者、小売業者の手を経て消費者まで届けられるモノへの愛情は薄れ、お金になるのであればそれでいいという発想が芽生えます。もしそれを食べる（使う）人が目の前にいたら、あるいは自分の大切な人だったらやらないことをやるようになるのです。

ＪＡ（農協）を通してある地域でとれた農産物を流通させる場合、ＡさんのトマトとＢさんのトマトは一緒にされ、〇〇産のトマトとしてスーパーなどに出回るので、つくるほうもモチベーションが上がりません。

だからといって、ＪＡを悪者にしたいわけではありません。顧客をもたない農家にとって、安価ではあっても買ってくれるＪＡがいなければ、そもそも生活が成り立ちません。一方で、努力が報われない現実に嫌気がさし、自分たちでブランディングや販路開拓をして、価格決定権を取り戻そうとしている農家が増えていることも事実です。

私は以前、北海道のじゃがいも農家の元を訪れたことがあります。だだっ広い農場のすぐそばには大手菓子メーカーの工場があり、彼らがつくったじゃがいもはポテトチップスなどのスナック菓子に変わり、全国の店へと送り出されていました。

大規模な農場には、空調完備のキャビンを搭載した自動運転の大型トラクターが稼働していました。なかでも印象的だったのは、そのトラクターに乗っている農家の男性が「俺たちのプライドは靴が汚れないことだ」と豪語されていたことです。

種まきから化学肥料、農薬散布、収穫に至るまで、すべてを機械で行うので、畑に足を踏み入れる必要がないのです。立派な機械をもっていることが彼らのステータスになっているようで、「隣の農家は今度、4000万円のトラクターを買うから、俺は5000万円のやつを買うんだ」と誇らしげに話していました。

しかし、「作ったじゃがいもは自分で食べるんですか?」と聞いてみると、当然のように「食べないよ、こんなじゃがいも。食べられたもんじゃねぇよ」と言うのです。そこには、消費者とのつながりもなにもありません。それが日本の農業の現状です。とても持続可能とはいえません。

だからこそ、顔の見える関係という言葉が生まれ、直売所や食べチョク、ポケマルなど、生産者と消費者を直接つなぐ場やプラットフォームが支持される世の中になったのだと思います。

私たちのホテル「水際のロッジ」で出す料理に使う食材は、料理人が自ら足を運び、農家と関係を構築したものを使っています。

水際のロッジに食材を届けてくれている生産者の一人が、宇和島で真鯛「鯛一郎クン」

を養殖している徳弘多一郎さんです。彼は毎朝、生簀の中で泳いでいる鯛に「おはよう、ありがとう、愛してるよ～」と声を掛けながら餌をあげています。言葉には魂が宿っているから、愛のある言葉を掛けるとおいしくなるのは間違いないというのが彼の考え方です。

そもそも、人間がなにかに対して注げる愛の総量には限界があると思います。たくさんの人を相手にすればするほど、一人に対する愛が薄れるのは自然なことです。モノの向こう側にいる人やモノが届いた先にいる人に関心を向けなくなったのは、大量生産、大量消費というシステムの弊害であり、成れの果てです。

その課題を解決するには、適正規模を維持し、生産者と消費者が互いに見えるところにいられる関係性を守ることが欠かせません。

明確に意識したことはありませんでしたが、私はいつも心の深いところでは精神的なつながりを追い求めていたのではないかと思います。2001年、潜在意識のなかに眠っていた私の生きる意味を呼び覚ましてくれたのが「このホテルには愛が感じられない」という口コミでした。

当時から会社を成長させなければならないという〝常識〟に対する違和感はあったよう

に思います。しかし借金を返すのに必死で、1年後のことすら考えられない状況では、その違和感に目を向けている余裕などありませんでした。

一方で、借金を返済し終えてようやく身軽になったタイミングでは、このチャンスをみすみす逃したくないという気持ちが働いていました。状況は正反対ですが、その両者に通底するのは「外部環境に翻弄されて、自分の心の声に耳を傾けていなかった」ことです。

そんな私に、「自分の違和感と真正面から向き合え」というメッセージをくれたのがコロナ禍だったのです。

2カ月間売上がゼロになり、その後もずっと低空飛行を続けているなかで、これまで信じてきた〝常識〟が音を立てて崩れ落ちていく感覚がありました。

私はこの20年間、「お金とはなにか?」という問いの答えをずっと探してきました。寝ても覚めても借金のことしか頭に浮かばなかった時代が長かったからこそ、ベタな言い方にはなりますが、愛って大事だよなと痛切に感じるのです。

その意味では、「このホテルには愛を感じられない」というレビューが私をつなぎ止めるアンカリングになっていたのかもしれません。

なぜ私がコンビニも信号もない目黒集落で暮らすことを選んだのか？　その理由をあえて一言で表すなら、失われた愛を取り戻すためだったのだと思います。

おわりに

2001年、25歳のとき、負債を抱えたホテルの再建に図らずも挑むことになって以来、ホテルとはどうあるべきか、サービスとはどうあるべきか、結果を出せる会社組織はどういうものかを考えながら、なんとか今に至ることができたのは、これまで一緒に働いてきた仲間のおかげです。思い余ってキツくあたってしまったことも多々ありましたし、私の至らなさがゆえに会社を去った人たちには申し訳ない限りです。

弁解するわけではありませんが、当時の私なりにスタッフや仕事に対して愛情を注いでいたつもりでした。お客様に喜ばれるサービスを実現すべく、一緒に高みを目指すために働きかけることが私なりの愛情だったのです。

しかし、今振り返ってみれば、それは見返りを期待した愛でした。こっちはこんなに愛情をもって接しているのに、なんでそのくらいしか返してくれないのか。なんで裏切るようなことをするのか――。それなりに働いて給料をもらえればいいといった感覚で働く社員に対して苛立ちやもどかしさを感じる私の胸中にはそんな思いが渦巻いていました。

自然のなかで暮らし、人間がちっぽけな存在でしかないことを知った今、確信しているのは、それは自分の思う方向に人を動かそうとする私のエゴでしかなかったということです。一刻も早く借金という足枷を外して身軽になりたい、という拭いたくても拭いきれない思いが、私を突き動かしていた部分も大いにあります。

2020年春、努力が報われた成功体験を下地にさらなる飛躍を試みていた私たちの前に立ちはだかったのが、努力が報われないコロナ禍でした。むしろ頑張ることがかえって虚しさを呼ぶような状況は、私に「諦めること」「手放すこと」を教えてくれました。

もし新型コロナウィルスが流行し始めたとき、都市部のマンションの一室で暮らしていて、自宅とオフィスを行き来していたら、その気づきは得られなかったのではないかと思います。数字やデータに囲まれたり、会社を訪れた銀行の担当者から無言の圧力を感じたりするうちに、この状況でも業績をあげなければならない重圧にがんじがらめになり、抗っても仕方ないものに抗い続けていたのではないかと思います。

私の選んだ道が間違っていなかったことを証明するために、これからも限界集落のリジェネレート（蘇生）に力を注いでいきたいと思っています。これは私の人生を賭けた壮大な実験でもあります。

毎月の借金を返すために近視眼的になっていたかつての私に欠落していたのは、物事を長い目で見るゆとりでした。不耕起栽培で育てた稲が、いっさい農薬や化学肥料をやらなくても「一粒万倍」の実りをもたらすように、その人に備わっているポテンシャルが花開くと信じて待つことが、思わぬ未来を切り拓いていく可能性があることを私は今、ひしひしと感じています。

この実験に参加したい方は大歓迎です。自分の人生を自分でデザインするというレールの敷かれていない道を歩くのは簡単ではありませんが、そのリスクを背負ったことで得られる手応えはなにものにも代えがたい価値があると思います。

最後にこの場をお借りして、どんなに波乱な人生でも、陰に日向に支え続けてくれる妻、伸枝に感謝を申し上げます。

細羽 雅之

【参考文献】

・『滑床の自然と探勝 補訂版』大谷 彰（1996）財団法人 松野町観光公社
・『ランニング王国を生きる 文化人類学者がエチオピアで走りながら考えたこと』マイケル・クローリー（2021）青土社
・『土中環境 忘れられた共生のまなざし、蘇る古の技』高田宏臣（2020）建築資料研究社
・『松野町誌』（2005）松野町誌編纂委員会
・『新装版 日本人のための宗教原論 あなたを宗教はどう助けてくれるのか』小室直樹（2021）徳間書店

【著者プロフィール】

細羽雅之（ほそば まさゆき）

岡山県出身。慶應義塾大学理工学部卒業後、日本アイ・ビー・エム株式会社にてエンジニア職に従事。25歳のときに破綻した実家の事業再生を通して、経営の本質は人であると体感。その後、ホテルマネジメント事業を創業。2015年、株式会社サン・クレア設立。同社CEO就任。神戸大学大学院経営学修士（ＭＢＡ）。

本書についての
ご意見・ご感想はコチラ

よみがえる限界集落

2023年3月24日 第1刷発行

著者　細羽雅之
発行人　久保田貴幸

発行元　株式会社 幻冬舎メディアコンサルティング
〒151-0051東京都渋谷区千駄ヶ谷4-9-7
電話　03-5411-6440（編集）

発売元　株式会社 幻冬舎
〒151-0051東京都渋谷区千駄ヶ谷4-9-7
電話　03-5411-6222（営業）

印刷・製本　中央精版印刷株式会社
装丁　野口萌

検印廃止

ISBN 978-4-344-94183-0 C0034
幻冬舎メディアコンサルティングHP
https://www.gentosha-mc.com/